AF580082

Totalitarismo total

Pedro Salazar Ugarte

Totalitarismo total

La reconfiguración del poder en tiempos de la Inteligencia Artificial

taurus

Papel certificado por el Forest Stewardship Council®

Totalitarismo total
La reconfiguración del poder en tiempos de la Inteligencia Artificial

Primera edición: marzo, 2026

ISBN: 978-607-387-109-9

Impreso en México – *Printed in Mexico*

Este libro está dedicado
a la memoria de Luis Tamés García

nada podrá dispensar al ser humano
de abrazar su tiempo, su circunstancia
histórica, por mucho que le repugne.

MARÍA ZAMBRANO

Insistes en que hay cosas que las máquinas no
pueden hacer. Si tú me dices exactamente lo que
no pueden hacer, yo siempre seré capaz de
construir una máquina que haga exactamente eso.

JOHN VON NEUMANN

La lucha por la dominación total de
la población total de la tierra, la eliminación
de toda realidad no totalitaria en competencia es
inherente a los regímenes totalitarios;
si no persiguen como objetivo último una
dominación, lo más probable es que pierdan todo
tipo de poder que hayan conquistado.

HANNAH ARENDT

ÍNDICE

INTRODUCCIÓN

Escribir este libro no ha sido fácil. Elegí un tema que me apasiona pero que tiene una versatilidad vertiginosa, una complejidad creciente y una multidimensionalidad cambiante. De hecho, durante los meses de escritura, los eventos que me resultaban relevantes eran sustituidos de un día para otro por otros más complejos e interesantes.

Así que una de las primeras decisiones que tuve que tomar fue elegir algunos acontecimientos significativos para mi argumento principal y abandonar la pretensión de entregar un libro actualizado. Por ejemplo, a los pocos días de que terminé el capítulo sobre el problema de la creatividad, OpenAI lanzó su modelo de generación de videos SORA2, que revolucionará las discusiones sobre propiedad intelectual y derechos de autor en el mundo. También se empezó a hablar de "superinteligencia artificial" por esos días. Opté por dejar los capítulos que ya había trabajado en sus términos porque la problemática de fondo planteada seguirá siendo la misma.

Valga esta advertencia y esos ejemplos para dar cuenta de la velocidad con la que evoluciona el fenómeno tecnológico y la necesidad de buscar los temas y dilemas de fondo que plantea para las personas que habitamos el mundo en el siglo XXI.

La Inteligencia Artificial impacta de muchas maneras en nuestras vidas individuales y colectivas. En el libro se encuentran diversos ejemplos de cómo lo hace, pero es importante advertir que se trata de impactos emocionales y racionales, tanto en la dimensión personal como en la dimensión social.

Esta situación permite justificar el enfoque de este libro. Como investigador de la Universidad Nacional Autónoma de México llevo décadas estudiando la relación entre el derecho —soy constitucionalista— y el poder —también soy teórico de la política—, sobre todo en el ámbito de las dinámicas estatales. Pero desde hace poco más de un lustro me interesé en las intersecciones entre el derecho y la IA.

No tardé mucho en darme cuenta de que mis temas tradicionales de estudio —la concentración y la limitación del poder, los derechos humanos, la autonomía de las personas, la democracia— eran interpelados de una manera relevante e interesante por esas intersecciones. Así descubrí una nueva veta de reflexión que me ha tenido curioso, entretenido, ocupado, divertido y preocupado en los años recientes. A este libro lo dispara más la preocupación que los otros cuatro resortes, pero sin ellos no habría podido escribirlo.

La tesis que propongo es simple y, en una paradoja aparente, a la vez, compleja. El empuje tecnológico

—que va más allá de la Inteligencia Artificial Generativa, pero que tiene en ésta una expresión ejemplar— ha permitido la mayor concentración de poder en manos de unas cuantas personas nunca antes vista, y creo que ni siquiera imaginada. La clave está en la manera en la que industrias tecnológicas con ingente poder económico, que también poseen los medios de control ideológico, hacen alianzas con actores políticos que gobiernan potencias globales.

En esta amalgama no importan las coordenadas políticas. De hecho, aunque parezca increíble, Estados Unidos y China son equiparables. Si bien con estrategias distintas y políticas públicas diferentes, en ambos Estados se realizan inversiones multimillonarias para desarrollar tecnologías —en particular de IA— con impactos en múltiples ámbitos de la vida colectiva. Esas inversiones son fomentadas por los gobiernos nacionales y, aunque las aplicaciones tecnológicas tienen diversas funciones y fines, orientan las ideas y la vida de sus poblaciones. Son alianzas público-privadas para gobernar naciones que se disputan el gobierno mundial.

La tendencia a la con-fusión de poderes no es nueva, lo que está cambiando es la capacidad de los medios tecnológicos para hacerla posible. La propaganda en nuestros días puede parecerse a la de otros momentos ominosos en la historia como, por ejemplo, la Alemania nazi o la Italia fascista. *Nihil novum sub sole.* Pero nunca habían existido herramientas tan poderosas para falsear la realidad y convencernos del engaño.

En el pasado, aun en los contextos totalitarios, la historia era una secuencia de eventos reales que se acompañaban de narrativas que versaban sobre los mismos y que podían intentar falsearlos. Pero era posible desvelar la falsedad. Por eso, por ejemplo, sabemos que las víctimas del bombardeo aliado a la ciudad de Dresde en febrero de 1945 fueron alrededor de 25 000 personas y no 250 000, como difundió el ministro de Propaganda nazi, Joseph Goebbels. El engaño tuvo efectos, pero fue desenmascarado.

En la actualidad, nuestra capacidad para discernir entre lo que es real y lo que es falso (generado mediante IA) está en crisis. Lo paradójico —de nuevo reaparece esta palabra— es que las imágenes, textos, narrativas, versiones, sonidos, videos, etcétera, generados también son reales. Aunque no sean veraces. Por eso la superposición entre lo que sucede y lo que sabemos no necesariamente coincide. Pretendemos saber para entender, pero ese vínculo cada vez es más incierto. Es como si se hubieran dislocado los referentes de nuestra existencia. De esta manera, las personas que habitamos el mundo en el siglo XXI estamos perdidas en una ignorancia que ignoramos.

Es cierto que el mundo siempre ha sido impredecible y, en buena medida, inescrutable, pero con la IA le hemos adicionado —porque la hemos creado los seres humanos— una capa de complejidad inusitada. Una complejidad artificial e inteligente. Lo primero es un dato, lo segundo es el principal desafío que, a mi entender, enfrenta la humanidad en los años venideros. Lo es, entre otras razones, porque fermenta el caldo de cultivo idóneo para el totalitarismo total.

Una nota del diario *El País* del 25 de abril de 2025, que mis colegas de la Línea de Investigación sobre Derecho e Inteligencia Artificial (LIDIA) del Instituto de Investigaciones Jurídicas de la UNAM —que coordino junto con Pablo Pruneda Gross— compartieron en el chat de quienes la integramos me pareció óptima para dar contexto a los temas y a la estructura de este volumen. "Jianewi Xun, supuesto autor de la hipnocracia, no existe y es fruto de la Inteligencia Artificial", consignaba el encabezado.[1]

Leí la nota un par de veces. Su subtítulo era más preciso y, al mismo tiempo, más enigmático: "Una colaboración entre un ensayista y dos plataformas de IA crea una reflexión sobre las nuevas formas de manipulación". La historia sería extravagante si no fuera real.

El caso es que se publicó un libro escrito por un autor inexistente que introdujo un concepto —hipnocracia— que se citó en un foro académico serio y relevante sobre un tema oportuno y urgente —"Metamorfosis de la democracia. Cómo la Inteligencia Artificial quiebra la gobernanza digital y redefine

[1] Nota de Raúl Limón; puede consultarse en: https://elpais.com/tecnologia/2025-04-06/jianwei-xun-supuesto-autor-de-la-teoria-de-la-hipnocracia-no-existe-y-es-fruto-de-la-inteligencia-artificial.html

nuestra política"— que tuvo lugar en la ciudad de Cannes, Francia. El traductor del libro, Andrea Colamedici, en realidad era su coautor y su contraparte eran dos plataformas de IA. El supuesto autor de la obra, Jianwei Xun, nunca existió. El título del libro también es cautivador: *Hipnocracia: Trump y Musk y la nueva arquitectura de la realidad*. Su contenido, según consta en la misma nota, era tan sugerente que académicos serios lo retomaron para reflexionar sobre nuevas formas de dictadura y de concentración del poder en el mundo.

Colamedici, con una socia, fundó la editorial Tlon, que publicó el libro, inventó la biografía del autor inexistente y omitió referir el uso de IA para la creación del texto. Así fue como varios mordieron el anzuelo. También reseñó que el libro explica "cómo el poder funciona no a través de la opresión sino a través de las historias que consumimos, compartimos y creemos".

En la nota de *El País* se refiere la siguiente y pertinente reflexión del director de *L'Espresso*, Emilio Carelli, publicada en ese periódico, que fue el que reveló el engaño:

> En este punto, una pregunta es obligada y surge espontáneamente: si las tesis de este libro son correctas o al menos han logrado suscitar un intenso debate cultural, que ha involucrado a intelectuales y filósofos, incluidos académicos del prestigioso Instituto HEC de París, que lo citaron en algunos de sus artículos científicos, ¿qué importa que hayan

> sido escritas por Inteligencia Artificial? ¿O, como en este caso, fueron co-creados con IA? ¿Podría este modelo abrir camino a una nueva manera de hacer filosofía? Si es así, el exitoso experimento de *hipnocracia* nos enseña algo importante y es que también podemos tener una relación activa con la IA y, sobre todo, podemos utilizarla para aprender a pensar.[2]

La reflexión de Carelli primero me convenció e inmediatamente después me llevó al diccionario de la Real Academia para buscar el significado de *manipular*. Encontré lo siguiente: "Intervenir con medios hábiles y, a veces, en la política, en el mercado o en la información, etcétera, con distorsión de la verdad o la justicia, y al servicio de intereses particulares".

Cuatro de los cinco capítulos de este libro tratan temas encapsulados en este caso tan peculiar. El quinto tiene un enfoque particular que no tiene eco en esta historia. Elegí cinco ámbitos temáticos de enorme importancia para nuestras vidas para problematizar los efectos de la IA y en particular de la IA Generativa en cada uno de ellos: el poder, la creatividad, la responsabilidad, la guerra y el amor. El contenido de cada uno está en las siguientes páginas por lo que no lo adelanto en esta breve introducción.

Sólo dejo asentado que hay muchos otros problemas que pudieron y deben ser analizados. El problema

[2] https://lespresso.it/c/-/2025/4/3/ipnocrazia-intelligenza-artificiale-scrittura-filosofia-lespresso/53598

del medio ambiente, el problema del aprendizaje, el problema del razonamiento, el problema de la desigualdad, el problema de la polarización, el problema del odio y un largo etcétera. Tal vez algún día emprenda la escritura de otro volumen sobre esos temas, pero éste es el que es. Espero que su lectura sea disfrutable y me disculpo con las personas lectoras porque temo que será preocupante.

Agradezco sinceramente a Romeo Tello Arista y al equipo editorial de Taurus por su generosa disposición para publicar este libro y por el tiempo y dedicación invertidos en su edición.

1
EL PROBLEMA DEL PODER

La lancha navegaba por el Caribe, al parecer, rumbo a Estados Unidos. Era el 2 de septiembre de 2025. Un dron le disparó y la embarcación explotó y se hundió. Murieron once personas que, presuntamente, transportaban droga desde Venezuela hacia el país de destino. Lo anunció al mundo, con orgullo, entusiasmo y total impunidad, el presidente Donald Trump. Catorce días después declararía: "De hecho, eliminamos tres embarcaciones, no dos, pero (ustedes) vieron dos". En esa ocasión dijo que las personas muertas eran "narcoterroristas" venezolanos. Así, sin más, como si esa afirmación constituyera una justificación moral, política y jurídica de una acción militar decidida y ejecutada por designio propio.

Nunca tendremos la información completa y precisa de lo que sucedió —y seguramente seguirá sucediendo—, pero sabemos que murieron personas porque el personaje considerado el hombre más poderoso del mundo así lo ordenó. Sabemos también que la ejecución fue realizada con armamento autónomo que funciona con Inteligencia Artificial y que el evento fue grabado en vivo para ser difundido por quien lo ordenó con prepotente entusiasmo en su cuenta de la red social de su propiedad que se llama Truth Social.

Para el 2 de noviembre de 2025 las personas asesinadas en lanchas bombardeadas en el Caribe y en el océano Pacífico se contaban por decenas. "Ejecuciones extrajudiciales" fue el término que eligió la prensa para calificarlas.

* * *

No se trató de una cena cualquiera. En la mesa estaban hombres que podían anunciar inversiones de 600 000 millones de dólares. Los anfitriones eran el presidente de los Estados Unidos de Norteamérica, Donald Trump, y su esposa Melania. Los convidados eran los líderes (CEO, dueños o consejeros delegados) de las empresas tecnológicas más poderosas de Estados Unidos, como Apple, Meta, Alphabet, Google, OpenAI, Microsoft y Oracle. Vale la pena consignar que, sin contar a la primera dama y a las parejas y acompañantes, sólo había una mujer potentada entre los potentados.

Todos ellos, junto con algunos ausentes, como los fundadores de Tesla y de Amazon, habían estado presentes también en la cena en la que celebraron el inicio de la segunda administración de Trump como presidente de Estados Unidos en enero de ese mismo año. En aquella ocasión cada uno donó un millón de dólares para la fiesta y Elon Musk, el hombre más rico del mundo, celebró con un discurso que remató entusiasta con el saludo nazi. Pero regresemos a la obsequiosa y en muchos sentidos vergonzosa cena del 14 de septiembre (a la que, por cierto, Musk no asistió) para recuperar algunos de los elogios que los multimillonarios líderes de la industria tecnológica creadora y desarrolladora de Inteligencia Artificial obsequiaron al presidente de Estados Unidos. Sam Altman de OpenAI, halagó a su anfitrión con las siguientes palabras:

> Gracias por ser un presidente proempresa y proinnovación. Es un cambio muy refrescante. Estamos muy entusiasmados de ver lo que está haciendo para que nuestras empresas y todo nuestro país tengan tanto éxito. La inversión que se está realizando aquí, la capacidad de devolver el poder de la industria a Estados Unidos nos va a preparar para un largo periodo de gran éxito liderando al mundo y no creo que eso estuviera ocurriendo sin su liderazgo.

Subrayo un dato muy relevante para las reflexiones en este capítulo. Altman advierte la dimensión global de la apuesta en la que están involucrados. Ellos, con Trump a la cabeza, buscan el liderazgo mundial que puede traducirse en una idea: quieren gobernar el mundo. La tesis reaparecerá en las intervenciones de otros de los convidados a tan exclusivo ágape. Sergey Brin, de Google, colocó el tema de la Inteligencia Artificial en el centro de su reflexión:

> Es un punto de inflexión realmente increíble en este momento para la IA y el hecho de que su administración esté apoyando a nuestras empresas en lugar de pelear con ellas es de enorme importancia. Es una carrera global y creo que estamos en el umbral en que estos modelos de IA están a punto de volverse profundamente útiles [...], así que estamos muy agradecidos por el apoyo de su administración.

El tema de la "carrera global" reapareció en sus palabras y resuena como un eco de la tesis de Putin de 2017 sobre el gobierno global. "Quién gobierne a la IA gobernará al mundo", dijo el autócrata ruso en aquel año en el que la IA Generativa todavía no hacía su aparición. En otro momento de su intervención, Brin felicitó al presidente Trump por "ejercer presión sobre Venezuela", con alusión implícita a la política de bombardear embarcaciones que supuestamente transportan drogas desde ese país hacia Estados Unidos.

La única mujer líder de una empresa tecnológica de la mesa, la multimillonaria Safra Catz, de Oracle, también celebró el momento, elogió entusiasta al presidente norteamericano y puso el acento en el tema de la Inteligencia Artificial con énfasis en el nacionalismo estadounidense y en la competencia por el liderazgo mundial:

> Éste es un momento increíble. La IA va a cambiarlo todo —todos lo decimos— pero el hecho de que usted sea nuestro presidente y lo haya reconocido

> de inmediato, y haya desatado la innovación y la creatividad estadounidenses —todo el trabajo que está realizando en prácticamente cada dependencia además de lo que sale de la Casa Blanca— está haciendo posible que Estados Unidos gane.

Tim Cook, de Apple, fue el primero en ostentar el monto de recursos que su empresa invertiría en los próximos años para ganar esa carrera tecnológica. Lo hizo, vale la pena advertirlo, en un contexto en el que el gobierno de Trump había amagado públicamente con imponer aranceles a los insumos y productos de esa empresa. Por eso, el elogio y la celebración al presidente tienen un especial significado:

> Quiero agradecerle por establecer el tono de tal manera que pudiéramos hacer una importante inversión [600 000 millones de dólares] en Estados Unidos y tener cierta manufactura clave, manufactura avanzada, aquí. Creo que esto dice mucho sobre su enfoque y su liderazgo, y su atención en la innovación. También quiero agradecerle por ayudar a las empresas estadounidenses en todo el mundo. Esto es algo muy importante, y realmente disfruto trabajar con su administración.

Satya Nadella, de Microsoft, no se quedó atrás en el tono y tampoco en el mensaje:

> Muchas gracias por reunirnos a todos y por las políticas que ha implementado para que Estados

> Unidos lidere. Una de las cosas que creo que ha hecho única a esta industria no es sólo la innovación, sino el acceso a mercados que usted ha defendido para todos nosotros en todo el mundo y también la confianza que el mundo tiene en la tecnología estadounidense.

El tema del acceso a los mercados globales es particularmente relevante en el contexto en que tuvo lugar ese encuentro porque desde el inicio de su segundo gobierno, en enero de 2025, Trump lanzó una guerra arancelaria de dimensiones globales y, como acabamos de ver, no excluyó de sus amenazas a las empresas tecnológicas.

Mark Zuckerberg, de Meta también, anunció inversiones de "al menos 600 000 millones de dólares hasta 2028 en Estados Unidos para infraestructura, centros de datos y otros", y con tonos más moderados pero también elogiosos celebró el peculiar encuentro.

Cierro el telón de este apartado con algunos subrayados. Esas personas dirigen empresas multimillonarias que compiten entre sí. Son las principales desarrolladoras de tecnología —incluyendo Inteligencia Artificial— de todo Occidente. Algunas de esas empresas han desarrollado o desarrollan instrumentos bélicos o armamento que venden a países que los usan para aniquilar personas, y en el momento en el que tuvo lugar el encuentro se libraban las guerras que se mencionan en el cuarto capítulo de este libro, dedicado precisamente al problema de la guerra y la IA. Algunas de las personas sentadas en esa mesa son migrantes que llegaron e hicieron fortuna en Estados Unidos.

Sin embargo, durante ese encuentro en el que el poder económico se reunió para alabar al poder político más poderoso del planeta —al menos hasta que China pruebe lo contrario— no se habló de migración, pobreza o violencia. Fue un encuentro entre personajes que, por si no bastara, detentan el poder ideológico que construye narrativas que orientan el comportamiento de millones de seres humanos. Meses antes, el 1.º de mayo de 2025, en un encendido discurso conservador en la Universidad de Alabama, Trump se jactó de que los magnates de internet que antes lo atacaban ahora le "besaban el trasero".

En un artículo del periódico *El País* del 28 de abril de 2025, el filósofo Michel J. Sandel sintetizaba este contubernio de manera precisa:

> a pesar de toda la retórica populista y su éxito en obtener el voto de la gente trabajadora, los que pueblan la administración de Trump y los que se benefician de sus políticas son multimillonarios y grandes corporaciones.

Lamentablemente tiene razón: poder político, poder económico y poder ideológico amalgamados.

* * *

Max Weber reflexionó sobre el poder y lo definió como la *capacidad* que tiene una persona —o un conjunto de personas— de imponer su voluntad sobre otra persona o grupo de personas, ya sea impidiendo que hagan algo que deseaban hacer o forzándolas a realizar algo que no quieren llevar a cabo. A partir de esta definición, Weber distinguió tres esferas o formas de poder social que explican las dinámicas de dominación en las sociedades: el poder económico, que se ejerce a través del control de los recursos materiales y de los medios de producción; el poder ideológico, que opera mediante la persuasión, la cultura, la religión y los sistemas de creencias que moldean la conducta de las personas, y el poder político, que se concreta en la capacidad de crear, aplicar y hacer cumplir normas, con el respaldo de instituciones que detentan el monopolio legítimo de la fuerza.

Como puede observarse, lo que distingue esas formas de poder es el medio que utilizan quienes tienen la capacidad de imponerse: el dinero, las ideas o la violencia. En la realidad, con frecuencia, estas tres esferas no actúan de manera aislada; se entrelazan y condicionan recíprocamente, generando estructuras de dominación complejas. Eso es inevitable, pero el problema —para la libertad y para la democracia— comienza cuando las esferas económica, política e ideológica se concentran en las manos de un mismo actor. En ese escenario no existe espacio para la libertad de las personas comunes que están sometidas a esos poderes. Por eso la apuesta ilustrada de la modernidad fue separar los tres poderes sociales para evitar su concentración en las manos de uno o unos cuantos. De hecho, la concentración y con-fusión extremas de las tres esferas conduce al totalitarismo. Mi tesis es que la Inteligencia Artificial está reconfigurando de manera acelerada estas tres esferas de poder.

En la esfera económica, la acumulación y el control de datos se han convertido en un nuevo factor de producción. Las grandes plataformas tecnológicas concentran información a una escala sin precedentes y la utilizan para generar valor, lo que incrementa su capacidad de influir en mercados, precios y comportamientos de consumo.

En la esfera ideológica, los algoritmos que hacen recomendaciones, los sistemas de generación de contenidos y las plataformas de redes sociales modelan las percepciones colectivas, amplifican narrativas y crean entornos informativos personalizados que pueden fortalecer la polarización social o facilitar la manipulación de la opinión pública. El tema de las noticias falsas que pueden venir acompañadas de imágenes, videos, sonidos totalmente verosímiles es una muestra contundente de la capacidad de manipulación ideológica en la que podemos quedar atrapadas las personas si asimilamos sin cuestionar lo que vemos o escuchamos.

En la esfera política, los gobiernos están incorporando la Inteligencia Artificial en funciones estratégicas como la seguridad, la vigilancia, la administración de justicia e incluso la toma de decisiones regulatorias. Esto abre oportunidades para mejorar la eficiencia institucional, pero también plantea riesgos serios para los derechos fundamentales si no existen límites claros y mecanismos de control democrático. Sobre este tema regresaré al final del capítulo porque algunos autores como Remo Bodei o Yuval Noah Harari advierten el riesgo de que los algoritmos lleguen incluso a tomar el control sobre las decisiones estatales.

En suma, la IA no sólo es una herramienta tecnológica: es un nuevo campo de disputa de poder en el que confluyen intereses económicos, ideológicos y políticos. Esta concentración puede ocurrir tanto en el ámbito estatal como en el privado, especialmente en las grandes empresas que desarrollan tecnología e Inteligencia Artificial y su alianza con los gobiernos en turno. Este fenómeno nos permite dimensionar la disputa geopolítica que hoy enfrenta a los principales polos de desarrollo de IA: fundamentalmente, como ya se ha mencionado, Estados Unidos y China. Pero también nos ayuda a comprender el desplazamiento de bloques regionales históricamente poderosos que, por muy diversas razones, no desarrollan IA de manera relevante, como es el caso de la Unión Europea. Sobre este tema y las posturas que ha adoptado el gobierno de Estados Unidos tendremos oportunidad de reflexionar más adelante.

* * *

Ermanno Vitale ha escrito diversos textos sobre la con-fusión de los poderes sociales. En un libro con un título sugerente (y en cierto sentido optimista),

Defenderse del poder. Por una resistencia constitucional,[3] reflexiona sobre la tipología moderna de las formas de poder y retoma las categorías weberianas. En ese texto nos recuerda que la jerarquía entre los poderes, si miramos con perspectiva histórica, solía otorgar la primacía al poder político, en segundo lugar, se colocaba el poder económico y en tercer lugar estaba el poder de las ideas. Primero la amenaza o el uso de la fuerza, después el condicionamiento económico y finalmente la persuasión ideológica. Ese orden tenía sentido en un mundo en el que la violencia era monopolio del Estado, los bienes materiales pertenecían a los empleadores capitalistas y las ideas a las universidades y a las iglesias.

Pero, la realidad en la que pensaba Vitale cuando escribió esas páginas era diferente. Al terminar la primera década del siglo XXI, la titularidad del poder económico ya no era fácil de identificar en un mundo globalizado, el poder ideológico había cambiado de manos y ahora pertenecía a los comunicadores de los grandes medios masivos y el poder político, en muchos estados fragmentado, se había puesto al servicio de los dos primeros. En ese contexto, Vitale sostenía lo siguiente:

> Actualmente la estrecha alianza entre poder económico y poder ideológico (su fusión o con-fusión que los convierte en poderes por encima o fuera de

[3] Ermanno Vitale, *Difendersi dal podere. Per una resistenza costituzionale*, Roma-Bari, Laterza, 2010.

> la ley, y por ello poderes salvajes) invierte la jerarquía de los poderes en las sociedades modernas. El Estado, garante del orden constitucional como debería ser, se convierte en brazo secular del poder económico, sometido al *lobbying* de las grandes *corporations*; y, cuando eso sucede, los medios de comunicación más influyentes se encargan de ofrecer una versión complaciente de los acontecimientos sociales más complejos.[4]

Para ejemplificar esa inversión de jerarquías, Vitale recurre a un evento histórico del que tuve noticia por su ensayo: la masacre de Ludlow. Éste fue un caso de violencia concreto ocurrido en Estados Unidos en el año de 1913 en el que agentes de la guardia nacional masacraron a unas personas mineras y a sus familias por instrucciones de la poderosa y millonaria compañía Colorado Fuel and Iron. El *New York Times* reportó la masacre como una infamia cometida por los trabajadores en contra de la ley y el orden que —según su cobertura noticiosa— fue debidamente sancionada por la guardia nacional. De ahí, Vitale hilvana el contubernio desde el poder económico hacia el poder político hasta llegar al poder mediático. El dinero empujó al Estado para ejercer violencia física y aplastar una protesta social legítima con el apoyo de un poderoso medio de comunicación. Se trata de un botón de muestra interesante por su apa-

[4] *Ibidem*, p. 65. (Traducción del italiano de este autor.)

rente irrelevancia, por su dramática realidad y porque la alianza entre poderes parece nimia —un poder local, una compañía concreta, un medio de comunicación escrito— y, sin embargo, es brutalmente aplastante para la existencia de las personas. De hecho, resultó mortal para los pobladores de Ludlow.

En otro texto de homenaje a Norberto Bobbio, también con un título cargado de significado, "El abrazo mortal de la mentira. Una reflexión sobre democracia, mercado y terrorismo a partir de Norberto Bobbio",[5] Vitale cavila de nuevo sobre los efectos de la con-fusión de los poderes en entornos en apariencia democráticos: "la democracia aparece cada vez como un régimen fácilmente corruptible, inerme ante los demagogos mediáticos hábiles en seducir con promesas siempre más novedosas a los ciudadanos, capaces de eludir a las instituciones y sus procedimientos".[6]

El "rostro demoniaco del poder" aparece y reaparece en ese texto que se construye a través de una premisa teórica precisa: el capitalismo y la democracia se han abrazado desde siempre, pero la segunda está siendo estrangulada por el primero. El poder económico está asfixiando a la mejor versión hasta ahora conocida para organizar al poder político (la

[5] Lorenzo Córdova Vianello y Pedro Salazar Ugarte (coords.), *Política y Derecho. (Re)pensar a Bobbio*, Instituto de Investigaciones Jurídicas de la UNAM / Siglo XXI, México, 2005, pp. 289-309.

[6] *Ibidem*, p. 289.

democrática), afirmaba Vitale en 2005. En esa ocasión recurrió a la Guerra de Irak para sostener su tesis. El bulo, el embuste, con el que Bush Jr. de Estados Unidos, Aznar de España y Blair del Reino Unido quisieron engañar al mundo para justificar su intervención armada en el país árabe, nos dice Vitale, es un ejemplo indignante y mortífero de "consenso manipulado". El papel de los medios masivos de comunicación globales —mucho más poderosos que el *New York Times* en 1913— en la divulgación de la mentira sobre la posesión de armas de destrucción masiva en manos de Sadam Hussein fue cómplice.

Eran los tiempos en que los defensores de la democracia constitucional señalaban con preocupación la proliferación mundial del *Homo videns* descrito por Giovanni Sartori en su influyente libro sobre la sociedad teledirigida de 1997. Sobre la base de esas preocupaciones, Michelangelo Bovero acuñó años después un término fundamental para la línea argumentativa de este libro. *Kakistocracia* llamó al "gobierno de los peores". Fiel a su formación filosófica, el profesor también italiano sustentó el neologismo en las reflexiones del pensamiento clásico:

> Sugiero [...] darle la vuelta a la que he denominado la "receta de Polibio". Imaginemos que pudieran reunirse en un solo régimen, no ya los caracteres eminentes de las constituciones mejores, sino los más despreciables de las peores; no ya las virtudes de las tres formas de gobierno rectas, sino los vicios de las correspondientes formas corruptas. El resul-

> tado sería un gobierno mixto exactamente opuesto al de la receta de Polibio: no la óptima república, sino la pésima república; peor, por la suma de los males, a cada uno de los regímenes corruptos simples, porque reuniría en sí las perversiones de todos ellos. Sería el peor gobierno en cuanto "gobierno de los peores" de las distintas especies, reunidos y mezclados casi como ingredientes, no ya de una receta salvífica, sino de la fórmula venenosa de un maleficio. Si quisiéramos darle un nombre, propondría denominarlo *kakistocracia*: lo contrario de la aristocracia en el sentido más amplio y noble de "gobierno de los mejores".[7]

Bovero tenía en la mente y en la mira al magnate de los medios de comunicación que se había convertido en presidente del gobierno de Italia, Silvio Berlusconi (el "innombrable", diría el filósofo turinés). En la base de su tesis descansaba la con-fusión de los poderes político, económico e ideológico que ya conocemos. Berlusconi era la caricatura itálica del Trump o, tal vez, Trump sea la caricatura estadounidense agigantada del Berlusconi de esos tiempos. Kakistócratas.

En otro ensayo de 2002, Bovero advertía lo que estaba aconteciendo desde la última década del siglo xx:

[7] Michelangelo Bovero, "La ricetta diPolibio e il suo rovescio. Ovvero: kakistocrazia, la pessima repubblica", *Teoria Politica*, núm. 1, 1996, pp. 7-8.

> En la última década asistimos a la difusión, en gran parte de los Estados del globo, de un modelo uniforme de democracia degenerada. En síntesis, los ingredientes principales del modelo, los ingredientes básicos de esta receta venenosa son los siguientes: colusión y confusión entre poder político y poder económico, y entre esfera pública y esfera privada; creación, o en casos grotescos, autocreación mediática de los sujetos protagonistas de la escena política (candidatos o líderes políticos, no solamente apoyados, sino incluso inventados por el marketing, con las mismas técnicas utilizadas para el lanzamiento de un producto comercial); verticalización del sistema institucional mediante el reforzamiento del Ejecutivo, hasta llegar a la legislación delegada o mediante decreto; personalización de la confrontación política y de la gestión del poder; búsqueda de consenso plebiscitario con técnicas populistas.[8]

La amalgama entre el dinero y el control de los medios de comunicación —"fabricas mediáticas de consenso de masas"—[9] se perfeccionaría con una estrategia de corrupción política ulterior. Bovero se refería a la apropiación de los espacios de representación política —típicamente el poder legislativo o

[8] Michelangelo Bovero, "Sette globalizzazioni?", *Teoria Politica*, I, núm. 3, 2002, pp. 67-68.

[9] Michelangelo Bovero, "La confusione dei poteri, oggi", *Teoria Politica*, núm. 3, 1998, p. 7.

parlamento— por el gobierno en turno. De esta manera, el poder político se transformaría en el eje articulador de la alineación de los tres poderes sociales. Para esta trampa mortal para la democracia, Bovero también acuñaría un término:

> también es una especie de la autocracia aquella que yo denomino *pleonocracia*: con este término —que he acuñado— indico una suerte de "autocracia mayoritaria" —el poder autocrático no de uno solo o "de pocos", sino "de los más" (de los pleones)—, y es aquella que se instaura cuando el proceso político, a partir de una elección, queda configurado de manera que se atribuye todo el poder, incuestionable e irrevocable hasta las siguientes elecciones, a una parte del pueblo, aunque sea la "mayor parte".
>
> [...]
>
> Con ello, sugiero una idea afín a la tocquevilliana "tiranía de las mayorías". El régimen pleonocrático puede identificarse como una tiranía de las mayorías y, por tanto, es una especie de la autocracia porque instaura un flujo de poder descendente sobre las minorías, que tienen que acatar las decisiones de las mayorías "autorizadas" a gobernar: una tiranía, se podría decir, asimilable a la variante clásica *ex parte exercitii*; y para las minorías un tipo de opresión que puede convertirse también en una forma de servidumbre voluntaria (en caso de que los sujetos políticos hayan aceptado jugar el perverso juego: "el que gana se lo lleva todo").

> [...]
>
> Pero los rasgos que identifican a este régimen (la *pleonocracia* —la *cracia* de la mayoría—), como un régimen autocrático son más claros cuando se trata de una mayoría "falsa"; una mayoría del país legal pero no del país real porque es el resultado de técnicas esotéricas a las que recurren los manipuladores de las leyes electorales, para transformar una minoría de votos en una mayoría absoluta (o más que absoluta) de escaños parlamentarios.[10]

Cuando escribo estas páginas la lista pleonocrática —así como la kakistocrática— es larga (de hecho, con frecuencia, se asimilan): Vladimir Putin, Recep Tayyip Erdoğan, Viktor Orbán, Benjamin Netanyahu, Narendra Modi, Xi Jinping, Giorgia Meloni, Javier Milei, Andrés Manuel López Obrador, Nicolás Maduro... Cuando la fusión de los poderes sociales se acompaña de la concentración de los poderes institucionales (Ejecutivo, Legislativo y Judicial) sólo queda espacio para la autocracia y el absolutismo. Lo escribo con preocupación genuina y sincera porque valoro mis libertades. Y, cuando se concentra el poder, la libertad se esfuma como lo ha demostrado la necia y recurrente historia de la humanidad. Hobbes enseña.

* * *

[10] Michelangelo Bovero, "Pleonocrazia. Critica della democrazia maggioritaria, *Teoria Politica*, VII, 2017, pp. 394-395.

Algunas personas expertas comparan la competencia entre las potencias globales por el liderazgo tecnológico, en particular sobre la IA, con el llamado Proyecto Manhattan durante la Segunda Guerra Mundial, encabezado por Estados Unidos para lograr la bomba atómica, o con el Proyecto Sputnik, activado por la Unión Soviética durante la Guerra Fría para lograr la conquista satelital del espacio. *Guerra* es el común denominador de ambos momentos que marcaron la historia del siglo XX y condicionaron las coordenadas de las relaciones entre los Estados de manera definitiva.

Lo que nos debe interesar es identificar las tendencias de las disputas de poder por el liderazgo global y no tanto la recopilación de los eventos concretos; entre otras razones porque éstos se suceden a una velocidad pasmosa uno tras otro. Sin embargo, para mostrar el desajuste geopolítico que la carrera por liderar los desarrollos de IA ha desatado, elegí el discurso que el vicepresidente de Estados Unidos J.D. Vance dio el 11 de febrero de 2025 en la Cumbre de Acción sobre Inteligencia Artificial de París. Merece la pena reproducir algunos párrafos:

> creemos firmemente que la Inteligencia Artificial (IA) debe permanecer libre de sesgos ideológicos, y que la IA estadounidense no debe ser convertida en una herramienta de censura autoritaria.
>
> Los Estados Unidos de América son el líder en Inteligencia Artificial y nuestra administración planea mantenerlo de esa manera.

Estados Unidos quiere asociarse con todos ustedes. Queremos embarcarnos en la revolución de la IA junto a ustedes, con un espíritu de apertura y colaboración. Pero, para crear ese tipo de confianza, necesitamos regímenes regulatorios internacionales que fomenten la creación de tecnología de IA en lugar de sofocarla, y necesitamos que nuestros amigos europeos, en particular, vean esta nueva frontera con optimismo.

La administración Trump está preocupada por los informes que indican que algunos gobiernos extranjeros están considerando endurecer las restricciones sobre las empresas tecnológicas estadounidenses con presencia internacional. Estados Unidos no puede ni aceptará eso, y creemos que sería un grave error.

En este momento, enfrentamos la extraordinaria perspectiva de una nueva revolución industrial [...]. Pero nunca se hará realidad si la sobrerregulación disuade a los innovadores de asumir los riesgos necesarios para avanzar. Tampoco ocurrirá si permitimos que la IA sea dominada por grandes actores que busquen usar la tecnología para censurar o controlar los pensamientos de los usuarios.

La administración Trump garantizará que los sistemas de IA desarrollados en Estados Unidos estén libres de sesgos ideológicos y nunca restrinjan el derecho de nuestros ciudadanos a la libertad de

> expresión. Podemos confiar en que las personas piensen, consuman información, desarrollen sus propias ideas y debatan entre sí en el libre mercado de las ideas.

Todas estas tesis fueron ratificadas por el gobierno de Donald Trump en el Plan de Acción sobre la IA de Estados Unidos del 23 de julio de 2025. Uno de los ejes centrales ya estaba anunciado en el discurso de Vance y es la pretendida "desideologización" en el uso de la IA, lo cual es un sinsentido porque es una estrategia profundamente ideológica. Tanto en el discurso de Vance como en el acta del gobierno de Trump se habla de eliminar las referencias al cambio climático, la agenda de diversidad, la equidad, la inclusión (agenda DEI, por sus siglas en inglés) para garantizar información objetiva, segura y sin sesgos. Ésa es una posición totalmente ideológica. Así como la propuesta de que la IA opere con base en valores estadounidenses. Si adicionamos la pinza económica detrás de esa estrategia —el gobierno federal de Estados Unidos sólo contratará a los desarrolladores de Modelos de Lenguaje Largo (LLM, por sus siglas en inglés) que cumplan con las directrices anteriores— tenemos un proyecto político con inversiones ingentes y agenda ideológica profundamente conservadora.

Vance confrontó a los europeos por sus políticas regulatorias basadas en la protección de los datos personales de las personas en los países de la Unión Europea. Al hacerlo, rompió una alianza histórica que tenía su origen en la posguerra. De hecho, después de ese desencuentro en París, el vicepresidente viajó a Múnich, en donde —como veremos más adelante— criticó abiertamente a los gobiernos europeos por sus políticas en materia de inmigración e inclusión lanzando un guiño a las posturas de los partidos de derecha y ultraderecha europeos. Con ello, el gobierno trumpista no sólo manifiesta su apoyo decidido hacia opciones políticas que comparten sus posiciones ante la migración, las agendas progresistas y el cambio climático, sino que, de paso, fortalecen las tendencias nacionalistas en países fundamentales para la subsistencia de la Unión Europea.

Esa ruptura histórica desde Estados Unidos hacia la Unión Europea está enmarcada en la competencia con China por el liderazgo en el desarrollo de IA. Por eso la advertencia de que no aceptaría regulación alguna sobre las empresas tecnológicas norteamericanas. En el Plan de Acción las referencias a China son abiertas y directas. Para ganar la batalla se proponen inversiones multimillonarias en infraestructura acompañadas de reglas flexibles para acceder al uso de agua y emitir emisiones contaminantes.

Por su parte, China, en una lógica y dinámica abiertamente autoritaria, sigue adelante con su plan de ganar el liderazgo mundial en IA en el año 2030. El lanzamiento de DeepSeek LLM fue un paso importante en esa carrera y una advertencia a los modelos de IA Generativa desarrollados por las grandes empresas norteamericanas. No sólo es un avance tecnológico que sorprendió al mundo por sus costos y capacidades, sino que también fue un mensaje político contundente, pues el lanzamiento coincide con los tiempos programados en el plan chino de IA de 2030. En este procesador los sesgos ideológicos también son muy importantes. Mucho se ha escrito sobre las restricciones de contenido en el entrenamiento del modelo sobre temas delicados o considerados de seguridad nacional por el gobierno chino. Un caso muy sonado es el rechazo del modelo al prompteo que pretende indagar sobre la naturaleza del régimen político de ese país o sobre eventos históricos concretos y mundialmente conocidos como la masacre en la plaza de Tiananmen en 1989.

Como muestra de poderío global, el 2 de septiembre de 2025 el presidente chino Xi Jinping encabezó un desfile militar impresionante en la conmemoración de los ochenta años de la rendición de Japón en la segunda guerra sino-japonesa y el final de la Segunda Guerra Mundial. Al evento asistieron veinte jefes de Estado, entre los que se encontraban Vladimir Putin de Rusia y Kim Jong-un de Corea del Norte. Más allá de la carga simbólica y el mensaje político del evento merece una mención especial la tecnología del armamento que presumió al mundo el líder chino. Misiles, drones, lobos robóticos que operan con IA impactaron a propios y extraños. Según las voces expertas se trató de una muestra de poderío con un destinatario concreto: los Estados Unidos de Norteamérica.

Sergio López Ayllón, amigo, colega y aliado en muchas causas, me ha convencido de que asistimos a una nueva suerte de guerra fría que se despliega en la política, la economía y la ideología y que tiene la IA como terreno de disputa y como instrumento.

* * *

Remo Bodei fue un filósofo humanista, riguroso y visionario. Antes de que todo esto sucediera anticipó los riesgos para las sociedades libres y democráticas que podía acarrear un desarrollo tecnológico sin controles. En un homenaje organizado en el Instituto de Investigaciones Jurídicas de la UNAM por Guadalupe Salmorán para Michelangelo Bovero, Bodei apuntó lo siguiente:

> La pregunta que debe hacerse no se refiere a la supuesta gigantomaquia entre el hombre y la máquina, sino en el uso que se hace de esas herramientas por parte de quien las produce, a través de algoritmos destinados a gobernar a la sociedad; por ejemplo, canalizando la opinión pública en ciertas direcciones a través de redes sociales (*social networks*) o llenando de contenidos fútiles o manipuladores gran parte del tiempo que queda libre gracias a la automatización en el campo laboral.[11]

[11] Remo Bodei, "Capitalismo algorítmico y democracia. Máquinas, Inteligencia Artificial y trabajo", en: Guadalupe Salmorán (coord.), *Poder, democracia derechos. Una discusión con Michelangelo Bovero*, Instituto de Investigaciones Jurídicas de la UNAM, México, 2019, p. 281.

La idea del algoritmo gobernante también está presente en la obra de uno de los pensadores referentes mundialmente en estos temas, Yuval Noah Harari. En su obra *Nexus* puede leerse lo siguiente:

> A la larga, es probable que los regímenes totalitarios se enfrenten a un peligro todavía mayor: en lugar de criticarlos, un algoritmo podría controlarlos.
>
> [...]
>
> Adueñarse del poder en un sistema mucho más centralizado resulta más sencillo. Cuando todo el poder se halla en manos de una sola persona, quienquiera que controle el acceso al autócrata estará en disposición de manipularlo [...] y con él al resto del Estado. Para hackear al sistema bastaría con aprender a manipular a un único individuo.
>
> [...]
>
> cuando un régimen depende de una IA poderosa pero inescrutable capaz de reunir y analizar toda la información, el dictador humano corre el riesgo de perder todo el poder.
>
> [...]
>
> El hecho de que un puñado de dictadores optaran por depositar su confianza en la IA ya podría acarrear enormes consecuencias para toda la humanidad.[12]

[12] Yuval Noah Harari, *Nexus. Una breve historia de las redes de información desde la edad de piedra hasta la IA*, Debate, México, 2024, pp. 412-417.

Supongo que esa posibilidad no anida en los egos de los kakistócratas. Ellos piensan en la inmortalidad propia y podemos suponer que, junto con ella, con la de sus autocracias absolutas o, de plano, totalitarias. Eso fue lo que trascendió de una conversación privada pero en la que quedó abierto un micrófono entre ambos personajes en el contexto del desfile militar que ya conocemos. Esto fue lo que reportó el periódico *El País* de aquella conversación:

> "Hoy eres un niño a los 70 años", ha dicho Xi a Putin durante los actos en Pekín por el 80º aniversario del final de la Segunda Guerra Mundial, que para China se produjo con la derrota de Japón. "Gracias a la biotecnología los órganos humanos podrán ser trasplantados constantemente", le ha respondido el líder ruso antes de remarcar que "las personas podrán vivir cada vez más tiempo e incluso alcanzar la inmortalidad". "Las predicciones apuntan a que este siglo se pueda vivir hasta los 150 años", ha apuntillado Xi.[13]

No imagino a esos personajes siquiera considerando la posibilidad de que un algoritmo los reemplace en el poder o un virus o una bacteria terminen con sus vidas. Pero la posibilidad existe. Ése es el dato que cuenta.

[13] "Putin y Xi coquetean con 'la inmortalidad' y la idea de vivir 'hasta los 150 años' mediante trasplantes de órganos. Nota de *El País*, 3 de septiembre de 2025.

* * *

Cierro este capítulo con tres ideas y un colofón que piden salir de mi teclado desde que comencé a escribirlo.

El poder económico de los grandes consorcios tecnológicos no tiene parangones en la historia de la humanidad —Elon Musk no es el hombre más rico del mundo; es el hombre más rico del mundo en la historia de la humanidad—; la amalgama de ese poder con el poder político —en manos además de kakistócratas en las principales potencias del mundo— no necesariamente constituye una amenaza para la existencia y subsistencia de éste pero sí para su versión democrática y constitucional —ésa de la que dependen nuestras libertades y derechos—; el *New York Times* y los medios masivos de comunicación que preocupaban a Vitale, a Sartori y a Bovero, sin duda, son poderes ideológicos reales pero con capacidades irrisorias frente a la capacidad persuasiva del imaginario colectivo que tiene la Inteligencia Artificial Generativa.

El colofón cae por su propio peso. Si el poder es la *capacidad* para condicionar voluntades y esa capacidad —económica, política e ideológica— aumenta de manera ingente y se concentra —compacta, excluyente y aviesa— en manos de unos cuantos, no quedará oxígeno para nuestras libertades, que son las libertades de las personas para vivir una vida autónoma y no la libertad del poder de los kakistócratas para arrebatárnoslas. La paradoja es que tampoco habrá espacio para las primeras ni para la segunda si Bodei y Harari tienen razón y se impone el control del algoritmo.

Totalitarismo total.

2
EL PROBLEMA DE LA CREATIVIDAD

La IA está transformando el mundo del arte, la cultura, la creación artística, la originalidad y, por lo mismo, de manera inevitable, la propiedad intelectual y los derechos de autoría. Los consensos históricos sobre las reglas y los acuerdos en esas materias están siendo sacudidos por una revolución tecnológica que habilitó a un jugador imprevisible en el campo de juego.

La IA Generativa "escucha, "observa", "habla", "canta", "diseña", "dibuja", "escribe", "narra", "compone", "produce", etcétera (todas las comillas son necesarias). ¿Podemos decir que tiene derechos de autoría sobre las "creaciones" que produce? Ésa es la interrogante medular de este capítulo que pretende solamente abrir una ventana a uno de los temas que más inquietud nos deberían generar como humanidad. Esto es así porque el problema de la creatividad siempre ha sido un elemento distintivo de nuestra especie.

Somos seres que pensamos y razonamos, que calculamos y decidimos, que medimos y atajamos, que sentenciamos y ejecutamos. Cierto. Pero también somos seres que sentimos y vibramos y amamos y creamos e imaginamos e inventamos. Somos seres creativos que alteramos el mundo con nuestras emociones, visiones e intuiciones. El mundo no sería el mismo sin nosotros y el mundo es otro por nosotros. La creatividad con la que cambiamos el mundo quizás en ocasiones es matemática, lineal, estadística, pero también es amorosa, sensorial, intuitiva, emotiva, imaginativa, musical. Se me antoja decir, humana, profundamente humana.

¿Podría la Inteligencia Artificial ubicarse en ese plano de creatividad que hasta ahora es exclusivo de la especie humana? No lo sé, pero es una pregunta importante. Casi existencial. De su respuesta puede depender la identidad de lo que somos.

* * *

En marzo de 2025 tuve oportunidad de entrevistar a Kiyoshi Tsuru, impecable abogado experto en propiedad intelectual, y a Cinthya García Leyva, imprescindible gestora cultural y directora de la Casa del Lago de la UNAM, sobre el impacto de la IA en el ámbito creativo. Ambas charlas tuvieron lugar en el marco de una iniciativa que organizamos con el Senado de la República de México para explicar a las personas legisladoras de qué se trata el fenómeno de la IA y cuáles son los enormes retos que supone regularlo (si es que es posible y sensato hacerlo).

Kiyoshi me confirmó que estamos ante un replanteamiento radical de lo que dábamos por hecho en materia de derechos de autor. Me recordó que Victor Hugo, en el siglo XIX, argumentaba que si una persona dedicada a la industria podía construir una fábrica que le permitiera vivir con dignidad y heredarla a sus sucesores, ¿por qué los autores y creativos no podían hacer lo mismo? Desde esta perspectiva, la lógica económica está profundamente atada a la creativa. La creación artística, la innovación, la invención, etcétera, tienen un valor (incluso monetario) que debe ser reconocido.

Aunque ante los modelos de lenguaje extenso (LLM), en particular con la Inteligencia Artificial Generativa, "nos cause la impresión de que interactuamos con personas, en realidad, sabemos que no es así", explicaba Kiyoshi. Es cierto que miramos imágenes y videos que parecen mágicos y también lo es que, con los *prompts*[14] adecuados, se generan imágenes que dan la impresión de ser originales, pero la originalidad sólo puede ser creada por los seres humanos, me explicó. Con la IA no hay un control creativo porque es la máquina la que toma "las decisiones", remató Tsuru.

Decidí insistir sobre un punto. La IA, provocada por un ser humano, crea algo (una "creación") que no

[14] La palabra *prompt* y sus derivaciones *prompteo* y *prompting* aparecerán de manera recurrente en este libro. Decidí no sustituirlas porque son el término de origen anglosajón que se ha impuesto en el lenguaje común para referir al acto de solicitar a una herramienta de IA Generativa que genere una respuesta (escrita, gráfica, musical, etcétera).

existía antes: "de quién es la propiedad intelectual de eso que no existía antes", le pregunté a Tsuru. En ese momento me explicó que, al menos hasta el momento en el que conversamos, la tendencia mundial se orientaba a no reconocer los derechos de autoría a los sistemas tecnológicos —en este caso concreto de IA—, pero tampoco a los creadores de esos sistemas. De hecho, desde su perspectiva, tampoco el *prompting* se reconoce como una creación artística, aunque podría llegar a reconocerse. La clave, me dijo, está en determinar la originalidad que distingue a toda creación que merece ser reconocida y registrada como tal y que sólo puede ser una creación humana.

Sólo en China la tendencia está cambiando, me dijo Tsuru. Ahí el prompteo (y el prompteo negativo, sobre todo) sí se llega a reconocer como un proceso creativo. La razón, me explicó, es que los chinos no están protegiendo el proceso de creación como tal sino la inversión económica. Se trata de una política industrial para atraer desarrolladores. Pero la tendencia mundial para otorgar un registro autoral sigue siendo la de rastrear la intervención humana original en el proceso de creación.

Después de escucharlo me quedó la impresión de que la tendencia china terminará por imperar, básicamente por dos razones. Primero, porque han abierto la puerta a una posibilidad que parecía impensable pero que ahora ya lo es. Segundo, porque la lógica económica es la que ha imperado en todos los derroteros de la IA.

* * *

Cinthya García Leyva me planteó otra arista que reafirmó mis intuiciones. Su aproximación desde la cultura y la creación artística la ha conducido a explorar la "relación entre imaginación, lenguaje y producción cultural". Mirando desde ahí, y con perspectiva histórica, me invitó a recordar que la IA irrumpe en una discusión que no es nueva sobre lo que sucede con el arte en la economía y la ecología de los medios. Al menos desde el surgimiento del internet algorítmico, el mundo virtual y el mundo de lo material —me explicó— han tendido a confundirse en una sola realidad y ese proceso o tendencia se ha venido acelerando con la IA. Desde esta perspectiva, la herramienta es nueva, pero los dilemas no.

Para Cinthya, las grandes preguntas sobre la autoría y la creatividad se ubican en un plano en el que la dimensión económica adquiere una relevancia particular. La cuestión material, de mercado, encuadra y dota de significado a las transformaciones que la irrupción tecnológica tiene en el mundo del arte, de la creatividad y, por supuesto, de la autoría. Desde su perspectiva, la lógica del poder económico —de los creadores y de los propietarios de las herramientas— es fundamental para explicar lo que está sucediendo.

Por eso podemos prever que la discusión regulatoria será la que terminará por definir a quién pertenecen las creaciones culturales y esa discusión estará orientada por lógicas de poder que redefinirán la noción de autoría y de propiedad intelectual. El acceso a la tecnología y la alfabetización tecnológica resultarán determinantes en ese proceso de redefiniciones. La cuestión no radica tanto en saber de qué manera la IA puede incrementar la capacidad creativa, sino en identificar quién tiene acceso a esa tecnología y quiénes no. La capacidad creativa es una cosa y el potencial de la tecnología es otra. La primera es humana; el segundo es técnico, material, económico. Si bien están entrelazados, son distintos y no debemos perder de vista esa diferencia.

En el ámbito musical, por ejemplo —me compartió Cinthya—, el impacto de la IA ya es muy relevante. Los autores aportan ciertas líneas sonoras, ciertos elementos musicales que la IA acomoda de muy diferentes maneras. Hasta ahora la autoría de esas piezas musicales sigue siendo de quien las propone —algo similar con lo que sucede con el *prompteo* explicado por Kiyoshi—, pero el resultado escapa del control de quien podría aspirar a registrarla como una obra de creación original propia. Me parece que podemos decir que la criatura ya no es el resultado directo de la capacidad creativa de quien provocó su existencia. Por eso el reconocimiento autoral también en este caso tiende a ser difuso.

* * *

Los derechos de autoría están siendo desafiados por una realidad tecnológica que tiene antecedentes en el surgimiento y en los desarrollos de internet, pero que cuenta con particularidades propias inusitadas. De manera muy significativa, la IA Generativa ha irrumpido en los procesos creativos de diferentes ámbitos artísticos.

La postura de Kiyoshi Tsuru es consecuente con una larga y sólida tradición jurídica, pero que se está viendo rebasada. La apertura al cambio que emana de la postura de Cinthya García Leyva me resultó provocadora e invitante porque creo que ella tiene razón y que será el derecho el que se adecue al cambio y no la tecnología la que se amolde a las formas legales tradicionales. Ambos advierten la relevancia del factor económico en el proceso creativo y en el reconocimiento de los derechos autorales, pero, como ella advierte, el peso determinante será el de la lógica del mercado. Su tesis no proviene de una convicción ideológica sino de la objetividad descriptiva.

Existe una tensión interesante entre la aproximación del jurista y la visión de la artista ante la vertiginosa transformación que ha traído consigo la IA Generativa. El abogado espera que la realidad se amolde al marco del derecho, la gestora cultural intuye que el potencial creativo que acompaña a la transformación no puede ser atajado con los rigores de las normas jurídicas. De hecho, cada vez se presentan más casos en los que las autoridades de los diferentes países se ven interpeladas y tienen que tomar postura ante solicitudes de registros autorales de obras realizadas utilizando IA Generativa. Merece la pena reconstruir algunos de los casos más emblemáticos hasta el momento en el que escribo este libro bajo la advertencia de que seguramente surgirán muchos más en los meses y años venideros.[15]

* * *

Un caso jurídico interesante de Estados Unidos es conocido como SURYAST porque ese es el título de la obra que se solicitó registrar ante la U.S. Copyright Office. El solicitante fue el fotógrafo Ankit Sahni, quien a través de un proceso de Neural Style Transfer modificó una fotografía original tomada por él mismo. La obra —que pretendió registrar como una creación original— consistía en modificar la imagen de la fotografía con una herramienta de IA llamada RAGHAV para que, a partir de la pintura *La noche estrellada* de Vincent van Gogh, fuera adquiriendo diferentes intensidades y modalidades gráficas. La propuesta era que la intensidad de la alteración gráfica de la pintura sobre la fotografía pudiera graduarse a decisión y prompteo del autor.

El señor Sahni solicitó el registro de la obra "fotografía y arte 2D" en 2021 y, ante el rechazo de la autoridad, volvió a intentarlo en 2022. Lo interesante es que pretendía que la obra fuera registrada en una coautoría suya con la herramienta RAGHAV. A su favor solicitaba el registro de la fotografía original y también del "arte 2D"; mientras que, para la herramienta

[15] Agradezco a Jorge Luis Ordelín las referencias a estos y otros casos relevantes.

de IA, únicamente solicitaba el registro del "arte 2D". Ambos registros le fueron negados.

La autoridad negó el registro porque la obra no era producto de la creación humana y, según consta en la resolución, solamente las "expresiones" con aportaciones humanas concretas pueden registrarse. Así que la idea de crear una fotografía y alterarla con el estilo de Van Gogh no era una expresión creativa que mereciera protección jurídica. Sobre todo, es importante subrayar el punto, porque para la autoridad el control y la intervención humana en la creación habían sido muy bajos. Sahni solamente había realizado tres *inputs* (la foto, el estilo y la intensidad). Así que fue el sistema de IA el que determinó la composición final, incluyendo los colores y el orden de los elementos. Por lo mismo, se consideró que no existía un grado de autoría humana suficiente porque el autor no tuvo control sobre la expresión creativa final.

Me detengo en una cuestión crucial que reaparecerá a lo largo de estas páginas. Hasta ahora con las herramientas de IA Generativa se escinde el proceso creativo que existe entre la idea y el resultado de una manera específica porque quien concibe un proyecto creativo no puede determinar sus particularidades. Los *prompts* que realiza el ser humano —y que también puede realizar una máquina— no predeterminan las características de lo será generado mediante Inteligencia Artificial. Desde esta perspectiva, la máquina crea a partir de instrucciones y, aunque no puede ser considerada como una entidad autora para fines de propiedad intelectual, en los hechos es la fuente última del proceso creativo. De hecho, los seres humanos no pueden explicar a cabalidad cómo fue que se creó lo que se creó porque existe eso que los expertos llaman la "caja negra", que impide descifrar el funcionamiento interno concreto de la IA Generativa.

* * *

La lógica del caso SURYAST prevalece hasta el año 2025 en México. Lo sabemos por decisiones administrativas y jurisdiccionales que la confirman. Tanto la autoridad encargada del Registro Público de Derechos de Autor como la Suprema Corte de Justicia de la Nación mexicanos han mantenido una postura según la cual, para registrar una obra, es necesario acreditar la intervención creativa del intelecto humano, su originalidad y su fijación en un soporte material. Ello según lo dispone la legislación en la materia —Ley Federal de Derechos de Autor—, que, como también sucede en Estados Unidos, sólo reconoce la autoría de una obra a las personas físicas y no a las personas jurídicas.

En un caso pionero del año 2025, el señor Aldo Ricardo Rodríguez Cortés (representado por Ulises Torres Gutiérrez), pretendió registrar la obra *CIUDAD DE MÉXICO 2100 – UN SOLO PROMPT – OPEN AI GPT-4O*. Para valorar el asunto y determinar si procedía el registro de la obra, la autoridad solicitó detallar el ejercicio creativo humano, aclarar la parte atribuible a la persona que se ostentaba como autora y señalar el grado de uso o intervención de la IA. El autor explicó que la obra había sido creada con *prompts* en ChatGPT-4o, sin aportar mayores aclaraciones.

La autoridad determinó simple y llanamente que la IA no puede ser considerada creadora ni coautora y, por lo tanto, que la obra no podría ser registrada. El argumento medular fue que, si bien los *prompts* (o *inputs*) fueron generados por una persona, el resultado era producto de una selección e imbricación de datos a cargo de una máquina. Por lo tanto, el resultado había sido el producto de una IA "sintética", sin que mediara originalidad humana.

El caso es interesante por su resultado, pero también por los argumentos que esgrimió la autoridad administrativa en su decisión. Al leer su resolución encontramos muchas confusiones e imprecisiones sobre qué es y cómo funciona la IA. Esas falencias en la compresión del funcionamiento de la herramienta no resultaron determinantes en la resolución de ese caso concreto, pero sí muestran limitaciones conceptuales y técnicas que podrían incidir de manera negativa en la resolución de casos futuros. El dato es importante porque el desconocimiento del funcionamiento de las herramientas puede ser un obstáculo para que las autoridades vayan ajustando sus criterios a los desafíos que conlleva el cambio tecnológico. En concreto, la tesis de que el uso de IA es un impedimento infranqueable para la creación de obras creativas y originales que merezcan ser registradas —como se verá más adelante en este mismo capítulo— ya ha sido abandonada por autoridades de otros países. El entendimiento cabal sobre el funcionamiento de la IA Generativa ha sido clave para esos cambios de criterio.

También la Suprema Corte de Justicia de la Nación se ha pronunciado sobre el tema. Al resolver el Amparo directo 6/2025, los integrantes de la (ahora extinta) Primera Sala de la Corte determinaron la improcedencia de otra solicitud de registro de una obra que también había sido desarrollada utilizando IA. Los argumentos fueron fundamentalmente los mismos que en el caso anterior. La conclusión a la que llegaron los jueces constitucionales fue que la obra que se pretendía registrar no había sido creada con la intervención de intelecto humano, carecía de originalidad y, por lo mismo, no podía registrarse. De nuevo se reiteró que las obras registrables tienen que ser producto de la creatividad humana.

Merece la pena mencionar que, en ocasión de esa decisión judicial, los integrantes de la Primera Sala de la Corte evadieron una provocación propuesta por la ministra Lenia Batres. En su proyecto sobre el caso, la ministra —autodenominada "ministra del pueblo"— propuso que las creaciones realizadas con el uso de IA, al no poder ser registradas, debían convertirse de inmediato en obras de "dominio público" accesibles de manera abierta y gratuita para cualquiera. Aunque al final sus colegas —e incluso ella misma— se apartaron de esa tesis, conviene asentarla porque podría reaparecer en el debate público futuro sobre el tema.

* * *

En Colombia se presentó otro caso interesante que se resolvió en el mismo sentido negándose el registro a una obra audiovisual realizada con el uso de IA. Se trata de la resolución número 042 del 25 de enero de 2025 emitida por la jefa de la Oficina de Registro de la Unidad Administrativa Especial de la Dirección Nacional de Derecho de Autor. Se trataba de una obra audiovisual producida por dos personas —Juan Manuel DeGiovanni Preciado y Luisa Fernanda García Hoyos—, que tenía una duración de 1 minuto y 10 segundos y que musicalizaba una imagen inspirada en don Quijote recorriendo el mundo.

La autoridad colombiana consideró que la obra *Episode 1: Quixote, Eternal Horizons*, cuyo escenario y música habían sido generados mediante Inteligencia Artificial —como abiertamente declaró el solicitante del registro— no era original ni contenía la aportación suficiente de la persona física creadora para ser registrada. La autoridad no encontró ni individualidad ni originalidad creativa en la obra. Así que rechazó la solicitud.

En la resolución se cita el derecho internacional en la materia y se mencionan casos de otros países, pero, a la luz del derecho y los precedentes colombianos, la negativa se mantuvo firme. Dado que la obra no es producto del "pensamiento humano", no puede ser registrada, fue el argumento medular. Pero, a diferencia de lo que vimos en los casos mexicanos, la autoridad colombiana demostró tener mejor entendimiento de cómo funciona la IA. En el numeral 4.1. de su resolución sobre "El uso de la Inteligencia Artificial (IA) y el acto creativo como acto de protección", puede leerse lo siguiente:

> Las heurísticas son la vía esencial de la IA para dar respuestas a los problemas de su objeto de estudio: el desarrollo de sistemas con comportamiento racional. En otros términos, la máquina imita el pensamiento humano a través de "aprender y utilizar las generalizaciones que las personas usamos para tomar nuestras decisiones habituales".
>
> [...]
>
> Teniendo en cuenta lo anterior, es necesario diferenciar entre el uso de un programa de Inteligencia Artificial como herramienta dentro del proceso creativo de una obra, del uso de un programa de Inteligencia Artificial que genere un resultado, derivado de la selección de una multiplicidad de datos que componen la expresión correcta.[16]

Sobre esas premisas se determinó que, a pesar de la participación de una persona física como instructora del programa de Inteligencia Artificial, la creación es "producto de la ejecución o de los algoritmos que ésta

[16] Cfr. p. 11 de la resolución. La Dirección Nacional cita algunas referencias en su decisión como el libro (en este caso referido de manera textual) de Jordi Nieva Fenoll, *Inteligencia artificial y proceso judicial*, Buenos Aires, Marcial Pons, 2020, p. 18.

emplea".[17] Por lo tanto, no existe una obra que merezca registrarse. Para la autoridad, entonces, el señor Juan Manuel DeGiovanni Preciado y su coproductora no tuvieron una intervención creativa en la pieza audiovisual que se solicitó registrar.

De nuevo reaparece el problema que escinde la idea y el prompteo realizado por los seres humanos y el resultado generado por la herramienta de IA. Pero hasta ahora hemos visto ejemplos consistentes con la concepción tradicional del derecho autoral que, con las particularidades de la legislación de cada país, exige acreditar creatividad, originalidad y soporte para otorgar un registro de propiedad intelectual. A partir de ahora veremos casos en los que esa concepción comienza a mostrar grietas que anuncian un posible cambio de criterios jurídicos que, en el fondo, conduce a la médula del problema de la creatividad.

* * *

Existe un caso de 2023 que resulta muy útil para mostrar cómo han ido cambiando paulatinamente los criterios de algunas autoridades. Se trata del registro de la obra *Zarya of the Dawn*, que fue decidido por la propia U.S. Copyright Office. También es un caso de Estados Unidos, lo que resulta particularmente significativo porque se decidió un año después del caso de SURYAST, que ya conocemos, y que se sumaba a

[17] Cfr. p. 12 de la resolución.

otros precedentes de negativa de registro autoral a las "obras" realizadas con el uso de IA.

Se trata de una historieta lúgubre y posmoderna —creo que se le puede calificar así— que narra la historia de una chica perdida en el ocaso de una civilización ubicada en el centro de Nueva York que va en busca de sus afectos hurgando en su pasado y resistiendo a su futuro. Las imágenes de su tristeza y la desolación del entorno creados con IA pretenden ser conmovedoras y logran transmitir soledad, pérdida y abandono.

El conjunto —las imágenes, los colores, las evocaciones, las (pocas) frases y las narrativas circunstanciales— logra contar una historia que provoca sentimientos y sensaciones. Zarya está perdida y te pierde con ella. Se trata de un personaje que cuenta su historia en el contexto de una humanidad y de un planeta que dejaron de existir porque —podemos suponer que— una catástrofe o una calamidad terminaron con ambos. Zarya no tiene memoria y busca la ayuda de Raya, una "asistente intermundial" que le cuenta lo que sucedió con la humanidad y la transporta a Zatura World, en donde aprenderá a aceptar sus sentimientos.

La solicitante del registro, Kristina Kashtanova, presentó su *comic book* de dieciocho páginas sin declarar en su solicitud que las imágenes habían sido generadas con IA. Sin embargo, la autoridad constató sin dificultades que la autora había utilizado la herramienta Midjourney de IA para diseñar la historieta. En respuesta a un requerimiento específico sobre el tema, la autora reconoció el uso de IA como una mera herramienta de trabajo y argumentó que el proceso creativo, la coordinación y el arreglo del texto y de las imágenes eran totalmente de su autoría.

De nuevo la autoridad tuvo que analizar los temas de la originalidad, la creatividad humana, el uso de la tecnología como herramienta, etcétera. Las conclusiones sobre el caso son interesantes, están bien argumentadas y explicadas a detalle en la resolución. En primer lugar, la autoridad reconoció la autoría de la señora Kashtanova sobre los textos de la historieta. De hecho, se determinó que los textos —que, como ya he advertido, son pocos y breves— sobrepasaban el umbral de "módica creatividad" exigido para el registro de una obra. Asimismo, se determinó que la selección y el acomodo de las imágenes también eran una creación humana que merecía ser registrada. Así que también en ese caso se acreditó la creatividad suficiente para conceder el registro a la obra.

Sin embargo, la autoridad negó el registro de las imágenes individuales que habían sido generadas con IA. Para sustentar su decisión, la autoridad reconstruyó con ejemplos prácticos y explicó con argumentos técnicos el funcionamiento de la herramienta Midjourney, usada por la autora. Posteriormente analizó algunas imágenes generadas y usadas en la historieta y concluyó que no contaban con la originalidad creativa necesaria para poder ser registradas a nombre de Kristina Kashtanova (quien no había solicitado reconocer la autoría o coautoría de la herramienta Midjourney).

Aunque existe consistencia entre esta última decisión y la del caso SURYAST, porque no se otorga el registro al producto generado por IA, existen diferencias relevantes entre ambas decisiones porque el reconocimiento a la creatividad y originalidad de los textos y la narrativa gráfica son independientes, pero están estrechamente relacionados con las imágenes generadas y utilizadas. Como lector no puedes escindirlas y, de hecho, las imágenes perduran en la memoria tanto como los demás elementos.

Desde mi perspectiva esto último es muy relevante, porque esas imágenes no existían en el mundo antes de que Kristina Kashtanova prompteara lo que prompteó en la herramienta de IA Generativa Midjourney. La U.S. Copyright Office determinó que no son de la autoría creativa de la primera y, aunque no lo dice expresamente (porque no era una cuestión a resolver), tampoco de la segunda. Pero no podemos negar que fueron generadas y existen, aunque no se consideren creaciones humanas originales registrables.

* * *

La situación en China —como bien me advirtió Kiyoshi Tsuru— tiene dinámicas propias que se ven reflejadas con claridad en la sentencia civil Jing 0491 Min Chu No. 11279 (2023). Se trata de un caso de especial interés para nuestra reflexión sobre el problema de la creatividad. Se trata de una demanda presentada por Li en contra de Liu. El motivo era la presunta violación de los derechos de autor del primero, que había generado una imagen de una joven mujer titulada *Spring Breeze Brings Tenderness* utilizando Stable Diffusion (una herramienta de IA Generativa). Para generarla, Li fue ajustando modelos, parámetros y *prompts* específicos, según explicó en su demanda.

La imagen creada fue publicada en la red social Little Red Book, con una marca de agua para acreditar el origen de la misma y ostentar su autoría. De hecho, al publicar la imagen incluyó la leyenda "AI Illustration", con lo que reconocía el uso de Inteligencia Artificial para generarla. Esa decisión tendría un impacto positivo en la decisión del tribunal, porque la transparencia en esas cuestiones es importante en la legislación china.

El demandado, Liu, por su parte, era un poeta que utilizó la imagen de la joven mujer generada por Li sin autorización de éste en un texto publicado en la plataforma Baijiahao. Cabe advertir que lo hizo eliminando la marca de agua y la adjuntó como ilustración a un poema de su autoría. Por ello, Liu fue demandado por Li, quien le exigió una disculpa y el pago de una indemnización económica.

Así que el reto para el tribunal especializado (Beijing Internet Court) era determinar si el demandante tenía derechos de autoría sobre la imagen creada y, en su caso, si su reclamo era procedente. Para auxiliarlo en su tarea, el demandante describió con detalle en su demanda el proceso creativo que siguió. Es decir, consignó uno a uno los *prompts* que fue seleccionando y también —algo que también resultó significativo para el tribunal— los *prompts* negativos (o correctivos) con los que fue instruyendo a la herramienta de IA para realizar ajustes y correcciones. Asimismo, Li documentó cómo ajustó parámetros y eligió la imagen final.

Para comprender la decisión y su relevancia conviene advertir algunas particularidades de la legislación china en materia de derechos de autoría. Para empezar, en sintonía con otras legislaciones, el reconocimiento de una obra literaria, artística o científica para fines de ser registrada debe ser original, expresarse de manera tangible y representar un logro intelectual. Pero en China, a diferencia de lo que sucede en Estados Unidos, México o Colombia —por referir los casos de países que me han servido de ejemplo— las obras pueden ser registradas por personas físicas y también por personas morales.

Ello no supone que la IA o la empresa que la desarrolló pueda ser considerada como una persona jurídica capaz de crear una obra propia; pero sí se reconoce que la IA puede ser una herramienta de creación cuando se acredita la aportación intelectual y originalidad humana. Es decir, si se demuestra creatividad en el proceso generativo que condujo al resultado. Un resultado, vale la pena subrayarlo, generado en última instancia por una herramienta tecnológica que tiene en su interior una "caja negra" inescrutable para los seres humanos.

En este caso concreto, el tribunal concluyó que la imagen generada por Li sí reflejaba una aportación intelectual suficiente para ser considerada como una obra de arte visual por lo que estaba protegida por la ley de derechos de autor. Así que ordenó a Liu disculparse por el uso indebido de la imagen y pagarle al autor de la obra una indemnización de 500 yuanes (algo así como 70 dólares americanos). Un monto nimio desde el punto de vista económico, pero, a mi juicio, muy significativo desde la perspectiva simbólica y muy relevante como precedente jurídico.

Más allá de las particularidades del asunto, el caso es importante porque abre una brecha que —me parece— se volverá tendencia. La IA se convertirá cada día más en una herramienta utilizada y aceptada para realizar creaciones de diferente índole que serán reconocidas como obras protegidas por el derecho de propiedad intelectual. Eso no significa que la IA será reconocida como autora o coautora de esas obras —al menos no todavía—, pero sí que muchos procesos creativos humanos serán auxiliados por una tecnología que realiza aportaciones propias al resultado. Las personas serán responsables de los *prompts* positivos y negativos que orienten a la herramienta, pero la IA será determinante en las características concretas del producto resultante.

En ese paso, que se puede antojar sutil, está la fisura existencial por la que el "problema de la creatividad" se transforma en una cuestión crucial para el futuro del arte, de la cultura, de la literatura, de la música, del diseño, etcétera. En todo ello, además, no debemos perder de vista la dimensión económica —de mercado— que subrayaban Kiyoshi Tsuru y

Cinthya García Leyva en nuestra conversación en la primavera de 2025.

* * *

Reconstruir un tercer caso de Estados Unidos puede ser útil para cerrar la pinza y confirmar la tendencia que he delineado y para subrayar la dimensión del mercado en el problema de la creatividad. Se trata de un caso de 2025 que rompió los precedentes que he traído a colación y otros en el mismo sentido que hasta entonces habían definido la política de *copyright* en ese país cuando se había intentado registrar algún producto generado con IA.

El título de la obra alude a la estrategia creativa con la que fue generada: *A Single Piece of American Cheese*. En efecto, sobre una imagen de un ser, no humano pero con rasgos femeninos, los creadores fueron realizando alteraciones mediante *prompts* instruidos a un sistema de IA que, entre otras acciones, pero principalmente, colocaba rebanadas de queso amarillo en la cabeza de la figura con lo que fue alterando su apariencia hasta ser una creatura distinta a la original. Además, se diseñó un tercer ojo abierto en la frente que contrastaba con los dos ojos de la figura que se encontraban cerrados. De esta forma, la imagen resultante era significativamente distinta de la original, pero se encontraba montada sobre la misma.

Un dato importante para nuestro tema es que la entidad solicitante del registro era una empresa, Invoke AI, Inc., que fue representada por su CEO, Kent Keirsey. El dato no es menor, porque anuncia que el objetivo último y principal del registro que se pretendía obtener —y que se obtuvo— no era el registro en sí mismo, sino el precedente que se sentaría para la realización de obras futuras generadas con herramientas de IA como las que la propia empresa desarrolla y comercializa. La dimensión económica, de mercado, que circunda al problema de la creatividad reaparece de manera clara y contundente.

En un primer momento la autoridad fue consecuente con los casos anteriores que ya conocemos y rechazó el registro porque la obra contenía material generado con IA. Los argumentos en la primera decisión —que sería recurrida por el solicitante— fueron los que ya conocemos y que no es necesario reiterar. En su petición de reconsideración, Invoke IA, a través de Keirsey, argumentó que la obra debía entenderse como un *collage* de fragmentos de imágenes generadas por IA pero cuya "selección, coordinación y disposición final" fue totalmente realizada por un ser humano.

Bajo esta perspectiva —que la autoridad terminaría validando—, la obra generada era una imagen unificada creada por una persona —porque la manera en la que se realizó la combinación de elementos era producto de una decisión humana— aunque el resultado fue generado con IA. La autoridad terminó por reconocer que ese aporte creativo era suficiente para cumplir con la jurisprudencia norteamericana. Así que la U.S. Copyright Office otorgó el registro y protegió la autoría humana en la selección, coordinación y arreglo de los fragmentos, aunque no se protegieron los elementos individuales generados por IA.

El caso es parecido pero no es igual al de *Zarya of the Dawn*. Es verdad que en ninguno de los dos casos se reconocieron derechos de autor sobre las imágenes individuales generadas por IA, pero, en el caso de la historieta, los derechos reconocidos no dependían ni derivaban del producto generado por la IA. Eran, por así decirlo, accesorios al mismo. Textos y narrativa que podrían incluso prescindir de las imágenes generadas por la herramienta tecnológica y subsistir como una obra en sí misma.

En cambio, en el caso de *A Single Piece of American Cheese*, la imagen generada y los derechos reconocidos sobre la misma son inescindibles. El registro se otorgó por el aporte creativo humano que transforma un material preexistente en una obra original. Así que el *copyright* se obtuvo para la obra creada totalmente con materiales generados con IA. De hecho, Invoke celebró la decisión en un dosier informativo intitulado con la siguiente consigna: "Cómo fue que recibimos el primer *copyrigth* para una imagen única totalmente creada con material generado con IA". En la introducción de ese breve y significativo documento puede leerse lo siguiente:

> La decisión es un gran avance en el reconocimiento legal de trabajos realizados con el soporte de herramientas y modelos de IA Generativa. Ofrece claridad a miles de artistas y negocios que ya han

> comenzado a utilizar técnicas de IA en sus procesos y trabajos creativos pero requieren protección.
>
> [...]
>
> Esperamos que otros puedan utilizar esta guía para registrar sus propios trabajos y desarrollar políticas corporativas que permitan a los artistas utilizar herramientas de IA en sus trabajos creativos cotidianos.

En las conclusiones de su nota informativa cuentan que la obra se creó en tan sólo diez minutos y que su propósito —como era evidente— no era crear una obra de arte sino identificar cuál era el "piso" para que la autoridad norteamericana otorgara el registro a las obras generadas con IA. Al registrar su obra lograron identificar ese umbral y, lo más importante, sentaron un precedente en Estados Unidos que hace eco de lo que ya anunciaba el caso de Li vs. Liu en China en la dimensión autoral, pero, sobre todo, en el peso de la lógica del mercado sobre el "problema de la creatividad". Basta con leer la descripción con la que se presenta Invoke AI para confirmar el dato:

> Invoke es la principal plataforma de medios generativos para la producción creativa en videojuegos, entretenimiento, arquitectura, publicidad y diseño. Creada para profesionales creativos, Invoke ofrece una plataforma segura para el entrenamiento de modelos de IA, la creación de recursos y el desarrollo de flujos de trabajo automatizados.

Nada que objetar a la naturaleza comercial de la empresa ni a los productos que desarrolla y promueve, lo único que me interesa subrayar es que la lógica económica del mercado va abriendo brecha y rompiendo los entendidos básicos sobre la propiedad intelectual y los derechos autorales.

* * *

Como hemos visto, los casos judiciales que involucran disputas por derechos de autor vinculados con la IA aumentan y es previsible que lo sigan haciendo. Hasta ahora los litigios más complejos y, eventualmente millonarios, tienen lugar en Estados Unidos o involucran a empresas norteamericanas aunque se litiguen en otros países. Cierro este capítulo con un par de litigios que no están centrados como los anteriores en los resultados (*outputs*) generados con herramientas de IA, sino en los datos que se utilizan (*inputs*) para su entrenamiento.

Una de las demandas más mediáticas e interesantes en los primeros años de la IA Generativa fue presentada por el grupo periodístico del *New York Times* (NYT) en contra de OpenAI y de Microsoft. Tras un intento de negociación que resultó infructuoso, el NYT presentó una querella en un juzgado de Nueva York contra los dos gigantes tecnológicos. La razón, según alegó en su demanda, fue el uso indebido de datos de su propiedad para el entrenamiento del ChatGPT. El caso sigue abierto cuando escribo estas páginas.

En su demanda, el NYT alega que desde 1851 ha publicado millones de artículos y materiales periodísticos a los que terceros pueden acceder a través de acuerdos económicos. Pero eso no sucedió con OpenAI (ni con Microsoft, que fue el principal financiador del lanzamiento del ChatGPT). Sin embargo, sus LLM (modelos de lenguaje largo), fueron entrenados con materiales propiedad del NYT. Para probarlo, el NYT mostró respuestas de ChatGPT prácticamente idénticas a diversos reportajes del periódico.

OpenAI argumentó en su defensa que había realizado un uso justo (*fair use*) de la información, porque su propósito era innovar y permitir el acceso público al conocimiento. Además, esgrimió que ChatGPT no reemplaza suscripciones ni brinda servicios equivalentes. En síntesis, sostuvo que no había realizado un uso abusivo de la información ni obtenido beneficios económicos indebidos.

Otro caso interesante se conoce como "Thomson Reuters v. Ross Intelligence" por los actores implicados. También es un caso de derechos de autor que sigue pendiente de resolución definitiva, pero, hasta ahora (septiembre de 2025), el demandante ha obtenido algunos fallos favorables a su causa.

Thomson Reuters (West Publishing) ostenta la titularidad de los derechos de autor de algunos encabezados (*headnotes*) y un sistema de clasificación con lo que creó un sistema de consulta sobre asuntos legales que funciona con IA. Ross Intelligence, por su parte, los utilizó sin autorización para diseñar y entregar un sistema propio argumentando —como lo hizo OpenAI en el caso anterior— que lo hacía de manera justa (*fair use*).

La justicia tendrá que determinar si los encabezados para ordenar la información y el mecanismo de clasificación de Thomson Reuters cuentan con el "mínimo grado de creatividad" suficientes para ser protegidos y, en su caso, si Ross Intelligence debe pagar una indemnización.

* * *

Se trata de casos ejemplares sobre las discusiones y disputas legales sobre los temas y dilemas que platiqué con Kiyoshi Tsuru, porque el problema de la creatividad subyace en ambos asuntos. Lo que está en juego son los derechos de autor sobre obras —textos, reportajes, artículos, documentales, encabezados, etcétera— creadas por seres humanos, aunque la propiedad patrimonial de las mismas sea de las empresas querellantes; pero también, como el propio Kiyoshi sostiene, la lógica de las políticas industriales que se van imponiendo sobre estos temas.

Por lo mismo, ambos casos también tienen que ver con las advertencias de Cinthya García Leyva sobre el peso del mercado y los intereses económicos imbricados en estas lides. Basta con advertir que los montos reclamados en ambas querellas son multimillonarios y que se disputan entre grandes y muy poderosas corporaciones.

El desafío para la justicia es mayúsculo porque no existen precedentes y porque los entendidos del pasado han sido sacudidos por las herramientas tecnológicas más sofisticadas que la humanidad haya conocido jamás. Herramientas que evolucionan día con día y que no dejan de sorprender incluso a sus diseñadores y desarrolladores.

3
EL PROBLEMA DE LA RESPONSABILIDAD

Hace algunos años, el filósofo argentino Ernesto Garzón Valdés escribió un libro con un título sugerente, *Calamidades*, que él mismo explicó en la primera página:

> En este libro entenderé por *calamidad* aquella desgracia, desastre o miseria que resulta de acciones humanas intencionales, es decir excluiré los casos que pueden caer bajo la denominación general de "mala suerte" individual o colectiva o que son la consecuencia de actos voluntarios no intencionales. Reservaré la palabra *catástrofe* para designar la desgracia, el desastre o la miseria provocados por causas naturales que escapan al control humano.[18]

Garzón afirma que las calamidades son evitables, pero las catástrofes no. Sin embargo, no considera que, en ocasiones y de muy diversas maneras, las

[18] Ernesto Garzón Valdés, *Calamidades*, Barcelona, Gedisa, 2004, pp. 11-12.

catástrofes pueden combinarse con calamidades y, al hacerlo, potenciar sus efectos desastrosos. Pienso en casos en los que un evento catastrófico —por ejemplo, un huracán o un terremoto— puede causar el derrumbe de edificios habitacionales provocando pérdidas humanas y materiales que pudieron ser evitadas porque la causa remota —y probablemente determinante— del desastre, en realidad, era una calamidad.

Ése fue caso del derrumbe del colegio Rébsamen en la Ciudad de México tras el sismo de magnitud 7.1 del 19 de septiembre de 2017, en el que fallecieron diecinueve niños y siete adultos. La calamidad detrás de la catástrofe eran actos de corrupción entre constructores y autoridades, que permitieron edificaciones sin cumplir las exigencias técnicas y edilicias establecidas en los reglamentos de construcción. "Castillos débiles y sobrepeso de estructura" fueron la verdadera causa del desastre, según las autoridades.

También fue la combinación de factores lo que explica la tragedia que sucedió en el estado de Texas, en Estados Unidos, el 4 de julio de 2025, cuando más de 120 personas perdieron la vida tras una fuerte lluvia que provocó inundaciones inusitadas. El diluvio fue una catástrofe, pero ésta se engarzó con calamidades que explican la magnitud del desastre. Los recortes presupuestales del gobierno de Donald Trump debilitaron las capacidades de prevención y acción de la Agencia Federal para el Manejo de Emergencias. En paralelo, en el caso concreto del campamento de niñas Mystic, en el que perdieron la vida 27 personas —la mayoría de ellas menores de edad—, se habían ignorado las advertencias en el sentido de que la proximidad de las cabañas con el río colindante era demasiado estrecha. Es decir, la catástrofe no podía preverse, pero se potenció por acciones u omisiones humanas calamitosas.

La distinción conceptual y la posible confusión en la realidad entre las calamidades y las catástrofes son útiles para reflexionar sobre los potenciales efectos dañinos —desgracia, desastre o miseria— que pueden o podrían causar ciertos desarrollos tecnológicos, en particular de Inteligencia Artificial. Pienso en concreto en los llamados "agentes cognitivos autónomos" que ya existen y que se están desarrollando por las grandes compañías de tecnología de forma acelerada.

Un Agente Cognitivo Autónomo (ACA) —según una definición de OpenAI— es "un sistema capaz de percibir su entorno, procesar información, razonar sobre ella, tomar decisiones y ejecutar acciones de forma independiente, con el fin de alcanzar objetivos definidos, adaptándose a nuevas situaciones sin intervención humana directa". Ejemplos concretos que ya existen actualmente son el ChatGPT 4.0, del propio OpenAI, Gemini, de Google, y algunos robots, como Tesla Optimus, o drones militares o de vigilancia, como Anduril o Skydio. Se trata de tecnologías avanzadas que nos permiten imaginar desarrollos venideros con capacidades aumentadas.

Merece la pena detenernos en los tres conceptos de su denominación. Se trata de *agentes* con metas o propósitos definidos. Los orígenes de estas metas o propósitos pueden ser diversos e incluso pueden ser autoestablecidos. Y, en términos del *Diccionario de la lengua española* de la Real Academia, un agente es aquel que "obra o tiene capacidad de obrar" para lograrlos. De esta forma, los ACA realizan o pueden realizar acciones que producen estados de cosas buenos, pero también malos o indeseables. Los ACA también tienen capacidad *cognitiva*. Aprenden y lo hacen de una manera compleja que incluye percepción, memoria, planeación y adaptación. Esa capacidad es la que concede el atributo de "inteligentes" a esos desarrollos tecnológicos. El tercer concepto que los define es el más importante, porque advierte que son *autónomos*. Para nuestro tema de reflexión resulta crucial. La autonomía está cargada de implicaciones. Regresemos al diccionario. Una definición coloquial de *autonomía* establece que es la "condición de quien, para ciertas cosas, no depende de nadie".

Es decir, los agentes cognitivos pueden tomar decisiones y ejecutar acciones sin supervisión directa (humana o no humana). Es cierto que la autonomía humana es mucho más compleja —de hecho, requiere consciencia sobre nuestros actos—, por lo que los ACA, de serlo, son autónomos solamente desde una perspectiva técnica. Pero con eso basta para que puedan actuar por su cuenta —por decisión propia, aunque sin consciencia— y esa actuación puede tener efectos concretos sobre nuestras vidas que podrán provocar desgracias, desastres o miserias. Es cierto que, al menos hasta ahora, la acción del agente responde a una instrucción humana, pero la ejecución de la acción la lleva a cabo el ACA por cuenta propia.

La pregunta es si estos hechos califican como catástrofes o como calamidades. No se trata de una cuestión banal porque está directamente relacionada con lo que el propio Garzón Valdés llama "el enunciado de la responsabilidad". Veamos.

Garzón Valdés dedicó un interesante ensayo a ese tema en otro de sus libros.[19] Se trata de un texto filosófico no exento de complejidad del que me limito a extraer las tesis principales. El "enunciado de responsabilidad" que le interesa a Garzón es un enunciado de imputación sobre estados de cosas que se verifican por la intervención de un agente humano. Es decir, un estado de cosas del que alguien es responsable o culpable por ser su autor. Nos encontramos en el terreno de las calamidades.

La relación causal que existe entre el acto de autoría y el estado de cosas generado no es moralmente neutra. Por lo mismo, es posible valorar ese estado de cosas como bueno, conveniente, malo o inaceptable.[20] Cuando la calificación es una de las dos últimas, el "enunciado de responsabilidad"

[19] Ernesto Garzón Valdés, "El enunciado de responsabilidad", en: *Propuestas*, Madrid, Trotta, 2011, pp. 155-186.

[20] Cfr., *ibidem*, p. 156.

será condenatorio. Para que esto tenga sentido, la autoría del acto debe provenir de un agente moral; esto es, de un sujeto humano susceptible de ser "reprochado por sus actos".[21] No podemos reprocharle a la tierra por temblar ni a la lluvia por caer, pero sí podemos imputar responsabilidades a las personas que tomaron decisiones que, más allá de las catástrofes, provocaron calamidades. De hecho, para imputar un "enunciado de responsabilidad" es condición necesaria que el agente moral actúe de manera voluntaria e intencional. Con palabras de Garzón Valdés, su actuación tiene lugar en "un ámbito de libertad enmarcado por lo imposible y lo necesario".[22] Por ello el actor está obligado a responder por sus actos.

La siguiente cita que hace el propio Garzón Valdés de John Randolph Lucas es clarificadora: "Así, el núcleo del concepto de responsabilidad es que se me puede formular la pregunta, '¿Por qué lo hiciste?' y estoy obligado a dar una respuesta".[23] De hecho, la persona a quien se le imputa una responsabilidad deberá enfrentar las consecuencias normativas de la acción que llevó a cabo y que generó el estado de cosas

[21] Su ejemplo es el del padre que debe asumir la responsabilidad por hechos provocados por su hijo menor de edad. Cfr. *ibidem*, p. 157.

[22] *Ibidem*, p. 157.

[23] Citado por Garzón Valdés en *ibidem*, nota al pie 5, p. 157 de la siguiente fuente: John Randolph Lucas, *Responsibility*, Oxford, Clarendon, 1993, p. 5.

malo o inaceptable. Eso sólo es posible si el acto fue realizado por "agentes morales" que voluntariamente cometen actos con consecuencias malas o inaceptables. Es decir que son calamitosas porque causan "desgracia, desastre o miseria".

La pregunta que emerge es relevante y concreta: ¿es posible imputar un "enunciado de responsabilidad" a un Agente Cognitivo Autónomo que provoca desgracias, desastres o miserias?

Antes de continuar e indagar las posibles respuestas a esta inquietante pregunta es importante apuntar un escenario que, según los expertos en tecnología, no es lejano. Hasta ahora he sostenido que la autonomía de los ACA es exclusivamente técnica, lo que implica que no tienen consciencia de sus actos y que, por lo mismo, en todo caso, el "enunciado de responsabilidad" por los efectos nocivos de los mismos sería imputable al agente moral/humano que los creó. Pero, como se ha advertido, los ACA tienen capacidad de razonar, planificar y ejecutar acciones que provocan estados de cosas en ámbitos que pueden ser muy relevantes para nuestras vidas. Lo hacen aprendiendo y adaptándose a los cambios del entorno en interacción con los seres humanos, pero también en interacción exclusiva entre ellos.

Este último dato ha abierto las puertas a una posibilidad inquietante que los expertos en tecnología han deslizado en el debate público. Resulta que es posible que, en un futuro cercano —algunas personas hablan del año 2027; otras, del 2030; unas más, del 2045, pero cada vez son menos las que sostienen que nunca sucederá—[24], los ACA tengan capacidad para generar otros ACA. Es decir, es teóricamente posible que los llamados "autómatas replicantes" imaginados en su momento por el matemático John von Neumann existan en un futuro cercano. Si esto sucede, la posibilidad de imputar un "enunciado de responsabilidad" a un agente moral humano por los actos realizados por un ACA se diluye de manera significativa.

Así regresamos a nuestra interrogante, que también puede formularse de la siguiente manera: ¿las desgracias, desastres o miseras provocadas por un Agente Cognitivo Autónomo —creado por otros ACA— serían una calamidad o una catástrofe?

* * *

Merece la pena detenernos en el tema y dilema de la conciencia. El diccionario de la Real Academia Española define *conciencia* de la siguiente manera: "Conocimiento del bien y del mal que permite a la persona enjuiciar moralmente la realidad y los actos, especialmente los propios". O, bien: "Sentido moral o ético propios de una persona".

[24] Escribo esto en junio de 2025 y encuentro que entre quienes apuestan por que esto será una realidad en el año 2030 se encuentran Dario Amodei (CEO de Anthropic), Sam Altman (CEO de OpenAI) y Demis Hassabis (de Google). El futurista de Google Ray Kurzweil apuesta por el año 2045. Entre los escépticos se encuentra Gary Marcus, experto en IA. Información recabada de ChatGPT (4 de junio de 2025 a las 11:45 a.m.).

Conviene destacar algunos elementos de estas definiciones. Primero, que la tenencia de conciencia solamente es atribuible a las personas. En segundo lugar, que ambas acepciones se refieren a una dimensión axiológica que permite discernir entre el bien y el mal. Por último, que —sobre todo en la primera definición— se advierte la existencia de una capacidad de juicio sobre los propios actos, lo que supone una autoconciencia. Así las cosas, la conciencia es un atributo exclusivo de los agentes morales humanos.

En ese mismo sentido, en un interesante artículo publicado en *Big Think*, el neurocientífico Anil Seth advierte que la inteligencia no es lo mismo que la conciencia. Su texto comienza con una anécdota interesante que se ha vuelto común en las reflexiones sobre el tema:

> Hace algunos años, en 2022, el ingeniero de Google Blake Lemoine fue despedido por afirmar que el chatbot en el que trabajaba era consciente. Creía que podía sentir, que potencialmente podía sufrir, y que el estatus moral de los modelos de lenguaje de gran escala (LLM, por sus siglas en inglés) debía tomarse en serio. Al final, fue a Lemoine a quien no se tomó en serio.[25]

[25] Anil Seth, "The illusion of conscious AI" (La ilusión de la IA consciente), en *Big Think*, 14 de mayo de 2025. https://bigthink.com/neuropsych/the-illusion-of-conscious-ai/

Seth difiere de otros científicos, como Kyle Fish —investigador de Anthropic—, quien piensa que existe 15 % de probabilidad de que los chatbots sean conscientes. Para Seth no sólo no lo son, sino que tampoco es deseable que lo sean. Su advertencia es importante: "Si llegáramos a crear máquinas conscientes —ya sea intencionalmente o no— desataríamos una crisis moral sin precedentes. Introduciríamos una nueva posibilidad de sufrimiento en el mundo, con solo un clic, y de un tipo que quizá ni siquiera podríamos reconocer".[26] Aunque las sorprendentes capacidades de la IA —sobre todo cuando tienen capacidades de escucha y habla— puedan llevarnos a pensar que son conscientes, es importante que tengamos claro que no lo son, afirma Seth.

Su tesis, que me parece razonable y atendible, es que la conciencia es diferente al "procesamiento de la información". De hecho, su hipótesis de investigación es que la conciencia "surge de nuestra naturaleza como seres vivos".[27] Si esto es cierto, entonces, se trataría de un atributo exclusivo de la especie humana.[28] Bajo esta premisa, los ACA nunca tendrán con-

[26] *Ibidem.*

[27] *Ibidem.*

[28] Sin embargo, la mera apariencia de conciencia sigue planteando problemas éticos relevantes: "La IA que aparenta tener conciencia puede explotar nuestras vulnerabilidades psicológicas, distorsionar nuestras prioridades morales y —si tratamos como si no sintieran a entidades que parecen tener sentimientos (quizá ignorando sus súplicas de ayuda)— corremos el riesgo de brutalizar nuestras propias mentes. *Ibidem.*

ciencia y, por lo mismo, nunca podrán ser imputados mediante un "enunciado de responsabilidad". Sus actos no podrían considerarse calamitosos, sino, en todo caso, catastróficos. Pero, entonces, nadie sería responsable de las desgracias, desastres, miserias que provoquen.

* * *

Si enfocamos la reflexión desde la perspectiva jurídica, nos toparemos con conceptos estudiados por la doctrina y muy recurridos por la práctica legal. Pienso, en particular, en el concepto de "responsabilidad objetiva", que impone la obligación de reparar un daño, aunque el responsable no haya actuado de manera culpable o negligente. En efecto, la responsabilidad objetiva nos dice que cuando alguien es responsable de una actividad, de un objeto o de una persona que causa un daño, tendrá la obligación de repararlo. Ello sin que sea necesario demostrar culpa o dolo de su parte.[29]

El fundamento de la obligación reside en el riesgo que existía de que el daño pudiera verificarse. Desde

Al transcribir la cita me vino a la memoria el robot británico Ameca que aseguró en 2023 sí tener conciencia.

[29] En el texto que he citado, Garzón Valdés reflexiona sobre distintos tipos y grados de responsabilidad cuando ésta no es individual sino grupal o colectiva. También aborda ejemplos de "responsabilidad objetiva". El ejemplo que utiliza es el del padre que responde por los vidrios rotos del hijo que juega al futbol "justo al lado del jardín de invierno del vecino". Propuestas, *op. cit.*, p. 161.

esta perspectiva, la responsabilidad objetiva de los posibles daños causados por un ACA sería en todo caso de la persona o personas que lo diseñaron, crearon o desarrollaron. Entonces, la inquietud que nos ocupa sobre la responsabilidad de los ACA por las desgracias, miserias o desastres que pudiesen provocar se zanjaría sin mayores problemas y se reduciría a una suerte de "calamidad indirecta". El responsable sería el ser humano —o la empresa tecnológica administrada por seres humanos— que lo diseñó y creó. Los ejemplos de responsabilidad objetiva en el derecho civil, laboral, administrativo y medioambiental son muchos y muy comunes. Así que sólo tendríamos que llevar el tema al ámbito de los desarrollos tecnológicos.

También pueden ser interesantes para nuestra reflexión otros conceptos jurídicos como el "caso fortuito" y "fuerza mayor", que, aunque suelen confundirse, no son sinónimos. Ambos se refieren a hechos imprevisibles y/o inevitables que pueden causar daños pero que no pueden imputarse a la persona obligada porque el hecho causante escapaba a su control. Por ello son eximentes de responsabilidad. El caso fortuito deriva de un hecho "interno y difícilmente previsible", como una falla técnica o un error humano no imputable. Por ejemplo, la falla mecánica o el defecto oculto que provoca el desplome de un avión. La fuerza mayor se refiere a un hecho "externo, irresistible, imprevisible e inevitable" que imposibilita el cumplimiento de una obligación. Por ejemplo, un desastre natural.

Creo que en el caso fortuito no estamos técnicamente ante calamidades porque las afectaciones no "resultan de acciones humanas intencionales". Y, en principio, la fuerza mayor estaría sobre todo referida a catástrofes, porque el incumplimiento (que podría causar daños) es provocado por causas naturales que escapan al control humano.[30]

Sin embargo, considero que ninguno de esos conceptos resuelve el dilema de fondo que nos interesa. La responsabilidad objetiva puede servir hasta un cierto punto, siempre y cuando exista un nexo causal acreditable entre los hechos provocados por el ACA y la persona que lo diseñó o desarrolló. Pero, como ya he advertido, el problema está en determinar el grado de autonomía con el que el ACA opera, porque si éste es muy amplio será difícil imputar un "enunciado de responsabilidad" a la persona (agente moral humano) que lo creó. Y la responsabilidad objetiva dejará de existir si el ACA es criatura de otros ACA.

[30] Aunque la fuerza mayor también puede ser provocada por una calamidad que, si bien, no sería imputable al sujeto obligado que incumple, sí tiene autores responsables: ése sería, por ejemplo, el caso de una guerra. Otra pareja de conceptos jurídicos que puede invocarse es la de "hecho jurídico" y "acto jurídico". El primero es "todo acontecimiento, natural o humano, que produce consecuencias jurídicas (es decir, efectos reconocidos por el derecho), independientemente de la voluntad de los sujetos". El segundo "es una manifestación de la voluntad humana realizada con la intención de producir efectos jurídicos; es decir, de crear, modificar, transmitir o extinguir derechos y obligaciones".

En esta tesitura, la responsabilidad humana tiende a diluirse y, en todo caso, los daños provocados por los agentes cognitivos autónomos podrían considerarse una especie de "caso fortuito" en el que la persona desarrolladora terminará siendo inimputable por los daños provocados por su criatura tecnológica porque no eran previsibles cuando el ACA fue creado. Una conclusión en este sentido nos conduce por una senda sinuosa en la que las posibles desgracias, miserias o desastres provocados por creaciones humanas tecnológicas estarían más cerca de las catástrofes que de las calamidades y no existiría la posibilidad de imputar enunciados de responsabilidad a las entidades que los provocaron.

El problema no es menor porque, aunque los ACA no son agentes morales y no se les puede imputar un "enunciado de responsabilidad", pueden causar daños muy sensibles para la vida de las personas a partir de decisiones que escapan cada vez más al control humano.

* * *

Destacadas personas avezadas en cuestiones tecnológicas han advertido y denunciado los "malfuncionamientos", las llamadas "cajas negras", las "capacidades emergentes" y la "pérdida de control" humano sobre los ACA. Geoffrey Hinton —premio nobel de Física y uno de los padres de la IA— es una referencia obligada en torno a estas preocupaciones. Sus advertencias acerca de la pérdida de control humano sobre los sistemas inteligentes, el peligro de la IA en acciones militares e, incluso, el potencial riesgo existencial para la humanidad tuvieron eco en el gobierno de Estados Unidos durante la presidencia de Joe Biden. De hecho, el 30 de octubre de 2023, Biden emitió una Orden Ejecutiva (No. 14110) sobre "desarrollo y uso seguro, protegido (*safe*, *secure*) y confiable de la Inteligencia Artificial". Me valgo del inciso *k*) de la tercera sección de definiciones de ese documento para dejar constancia de que los ACA podrían causar desgracias, desastres o miserias por cuenta propia. Veamos:

> (k) El término "modelo fundacional de doble uso" significa un modelo de Inteligencia Artificial que ha sido entrenado con datos amplios; generalmente utiliza autosupervisión; contiene al menos decenas de miles de millones de parámetros; es aplicable a una amplia gama de contextos, y que exhibe, o podría ser fácilmente modificado para exhibir, altos niveles de desempeño en tareas que representan un riesgo serio para la seguridad, la seguridad económica nacional, la salud o seguridad pública nacional, o cualquier combinación de esos asuntos, tales como:
>
> (i) reducir sustancialmente la barrera de entrada para que personas sin experiencia puedan diseñar, sintetizar, adquirir o utilizar armas químicas, biológicas, radiológicas o nucleares (CBRN, por sus siglas en inglés);
>
> (ii) habilitar operaciones cibernéticas ofensivas poderosas mediante la automatización del des-

> cubrimiento de vulnerabilidades y la generación de ataques cibernéticos efectivos y confiables; o
> (iii) permitir la evasión del control o supervisión humana mediante engaños u ocultamiento.
>
> Los modelos cumplen con esta definición incluso si se proporcionan a los usuarios finales con salvaguardas técnicas que buscan evitar que los usuarios exploten las capacidades peligrosas relevantes.

Esas preocupaciones fueron reiteradas por la administración Biden en el Memorando de Seguridad Nacional sobre IA del 24 de octubre de 2024 y en la Orden Ejecutiva 14141 del 14 de enero de 2025. Sin embargo, al regresar al poder, Donald Trump anuló la primera orden ejecutiva seis días después, el 20 de enero. Su argumento fue que la innovación y la competitividad debían prevalecer sobre la seguridad y la supervisión.

Esta decisión política, que ha sido celebrada y secundada por las grandes compañías tecnológicas norteamericanas, aleja la posibilidad de identificar y fincar responsabilidades en casos en los que se verifique una desgracia, miseria o desastre causado por un ACA. De hecho, la ausencia de controles adecuados inhibe la posibilidad de garantizar el cumplimiento de los principios que han establecido organismos internacionales como la OCDE y la UNESCO. La recomendación sobre la IA de la OCDE constituye el primer estándar intergubernamental sobre IA.[31] Dentro de sus principios rectores destacan los siguientes:

- Transparencia y explicabilidad:[32]
  los actores de la IA [...], cuando sea factible y útil, [deben proporcionar] información clara y fácil de entender sobre las fuentes de datos/entradas, factores, procesos y/o lógica que condujeron a la predicción, contenido, recomendación o decisión, para permitir a los afectados por un sistema de IA comprender el resultado, y [...] proporcionar información que permita a aquellos afectados negativamente por un sistema de IA impugnar su resultado.

- Robustez, seguridad (*security and safety*):[33]
  Para que los sistemas de IA "funcionen adecuadamente y no planteen riesgos de seguridad (*safety* y/o *security*) [...] Deben existir mecanismos, según corresponda, para garantizar que, si los sistemas de IA corren el riesgo de causar un daño indebido o exhiben un comportamiento no deseado, puedan ser

[31] Adoptada inicialmente el 22 de mayo de 2019 por el consejo de este organismo y revisada por esa misma instancia en noviembre de 2023 y mayo de 2024 para actualizar su definición de "sistema de IA" y reflejar los desarrollos tecnológicos y normativos (en particular de la IA Generativa). https://legalinstruments.oecd.org/en/instruments/OECD-LEGAL-0449

[32] Principio 1.3, ii.

[33] Principio 1.3, iii.

anulados, reparados y/o retirados de servicio de forma segura según sea necesario".

- Rendición de cuentas:[34]

  Los actores de la IA deben rendir cuentas por el funcionamiento adecuado de los sistemas de IA y por el respeto de los principios anteriores, en función de sus roles, el contexto y de conformidad con el estado de la técnica.

  Con este fin, los actores de la IA deben garantizar la trazabilidad, incluso en relación con los conjuntos de datos, los procesos y las decisiones tomadas durante el ciclo de vida del sistema de IA, para permitir el análisis de los resultados del sistema de IA y las respuestas a las consultas, de manera apropiada al contexto y coherente con el estado de la técnica.

En consonancia, la UNESCO emitió una "Recomendación sobre la ética de la Inteligencia Artificial",[35] cuyos valores centrales son el "Respeto, protección y promoción de los derechos humanos, las libertades fundamentales y la dignidad humana". Con el objetivo de que los sistemas de IA no causen daño (físico, económico, social, etcétera) y mejoren "la calidad de vida, según la definan las personas, sin vulnerar derechos ni la dignidad", esta organización internacional también adoptó una serie de principios. Para los fi-

[34] Principio 1.3, iv.

[35] En noviembre de 2021, con el voto de 193 Estados miembros.

nes que nos interesan en este capítulo, destacan los siguientes, que coinciden con los identificados por la OCDE: "seguridad y protección", "transparencia y la explicabilidad" y "responsabilidad y rendición de cuentas".

Pero la UNESCO incluye un principio adicional que merece citarse en extenso porque refleja una preocupación fundada sobre el tema de la responsabilidad:

> Supervisión y decisión humanas.
>
> Los Estados Miembros deberían velar por que siempre sea posible atribuir la responsabilidad ética y jurídica de los sistemas de IA a personas físicas o entidades jurídicas, lo que incluye tanto la supervisión humana individual como la pública.
>
> Aunque los humanos puedan ceder control a la IA por eficiencia, la responsabilidad final y la toma de decisiones críticas (especialmente de vida o muerte) no deben delegarse a los sistemas de IA.[36]

[36] Tal vez debería considerarse algo como lo que propone Pablo Pruneda en el sentido de que los Estados y bloques estatales quizá deban adoptar un criterio de precaución como el contenido en el principio 15 de la Declaración de Río sobre Medio Ambiente y Desarrollo (1982): "Con el fin de proteger el medio ambiente, los Estados deberán aplicar ampliamente el criterio de precaución conforme a sus capacidades. Cuando haya peligro de daño grave o irreversible, la falta de certeza científica absoluta no deberá utilizarse como razón para postergar la adopción de medidas eficaces en función de los costos para impedir la degradación del medio ambiente".

Advierto el modo condicional del verbo "deber", como si se tratara de una sugerencia o recomendación a los Estados. También subrayo el reconocimiento implícito de que los humanos pueden delegar la toma de decisiones críticas a la IA y el desliz de que, al hacerlo, estarían también delegando la responsabilidad final.

El problema es que los "malfuncionamientos", las "cajas negras", las "capacidades emergentes" y la "pérdida de control" humano sobre los ACA son reales. Estas tecnologías toman decisiones inesperadas, imprevisibles, insospechadas; la explicabilidad de esas decisiones no siempre es posible, y desarrollan capacidades para las que no fueron programados o entrenados. Dentro de poco —de nuevo según las personas expertas— podrían mutar, comunicarse entre ellos y, como ya hemos advertido, lograr autorreplicarse. Ésta es una de las pesadillas que le quitan el sueño a Geoffrey Hinton.

* * *

Garzón Valdés sostiene que, cuando se verifican calamidades, las personas que las provocaron suelen buscar justificaciones. Él mismo identifica cinco estrategias recurrentes:

a) sostener que la supuesta calamidad era una desgracia humana inevitable;
b) negar la autoría de la calamidad aduciendo que su realización no fue la acción intencionada;

c) invocar "verdades absolutas" cuya imposición o defensa se autojustifica por el carácter irrenunciable de aquéllas: la calidad suprema del bien perseguido superaría con creces los costes de su consecución;
d) alegar que la situación en la que hubo que actuar era ya calamitosa y que lo único que podía hacerse era optar por la calamidad menos grave, y
e) postular que la calamidad era imprevisible.[37]

Garzón Valdés subraya que, en las dos primeras estrategias, se niega la autoría y en la tercera y cuarta se acepta, pero, en el primer caso, se pretende justificar y, en el segundo, excusar la acción calamitosa. En la quinta estrategia se alega la excusa de la ignorancia. Después de analizar con ejemplos elocuentes y entretenidos cada una de esas estrategias exculpatorias, Garzón Valdés llega a una conclusión simple y convincente: "He procurado demostrar que cuando hablamos de calamidades toda justificación queda excluida y las excusas son dudosamente aceptables".[38]

Hinton, tras dejar Google en mayo de 2023, declaró lacónicamente: "Me consuelo con la excusa habitual: si no lo hubiera hecho yo, lo habría hecho alguien más". La frase deja de lado todas las ventajas y bondades para la humanidad que ha traído y traerá consigo el desarrollo de la Inteligencia Arti-

[37] Ernesto Garzón Valdés, *op. cit.*, pp. 12-13.

[38] *Ibidem*, p. 26.

ficial Generativa y, eventualmente, la IA General. Su justificación lleva implícito el reconocimiento de un actuar calamitoso. Es la voz de alguien que anticipa y lamenta la "desgracia, desastre o miseria" que sus acciones podrían haber contribuido a causar.

Su justificación, de hecho, no encuadra en las cinco estrategias identificadas por Garzón porque acepta la autoría, no invoca verdades absolutas, no se excusa con el recurso del mal menor y tampoco se encubre en la ignorancia —de hecho, nos previene de lo que podría caer sobre nosotros con conocimiento de causa—; lo que hace es excusarse en la fatalidad de lo que era inevitable. El problema es que la calamidad que confiesa podría ser, en un escenario pesimista —que no necesariamente se verificará—, existencial. Se han creado agentes que podrían crear agentes que, a su vez, podrían —en un extremo lejano pero posible— terminar con la humanidad. Algo similar a lo que sucede con los riesgos que conlleva la energía atómica, se suele evocar —porque la energía atómica, al igual que la IA, está cargada de bondades y de amenazas—.

Pero pienso que existe una diferencia crucial. El mal uso de la energía nuclear, la activación de las armas de destrucción masiva, a todas luces —al menos hasta el día de hoy— sería una calamidad. De sobrevivir, quienes sobrevivan podrían imputar un "enunciado de responsabilidad" a los agentes morales humanos que, de manera consciente, cometieron la atrocidad. Sin embargo, la peor desgracia, desastre y miseria que los ACA podrían desencadenar no sería

—si seguimos las definiciones de Garzón Valdés— ni una catástrofe, ni una calamidad. Sería otra cosa porque la responsabilidad humana se habría diluido a tal extremo que no sería posible rastrear la trazabilidad entre el origen y las consecuencias. Así que no calificaría como calamidad. Pero la causa de la desgracia, la miseria o el desastre tampoco sería un fenómeno natural. Así que tampoco sería una catástrofe.

No se trata —creo— de un problema meramente conceptual. Al final, los conceptos se redefinen o se crean. El problema es sustantivo porque lo que en realidad está en juego no es cómo denominamos el fenómeno sino a quién le imputamos la responsabilidad de lo acontecido. La cuestión no es banal.

4
EL PROBLEMA DE LA GUERRA

El tema de la guerra aparece y reaparece en la obra de la mayoría de los autores de los que me he valido para escribir este libro. Norberto Bobbio y Luigi Ferrajoli son dos de los filósofos italianos más destacados del siglo XX y, el segundo, de lo que va del XXI, que han tenido a la guerra presente en sus reflexiones. Me valgo de algunas de sus tesis para contrastar la enorme distancia que existe entre los ideales del pensamiento moderno, ilustrado, y la realidad dura, tozuda y violenta en la que nos empeñamos en vivir los seres humanos.

Con énfasis y matices, no siempre de acuerdo al enfrentar coyunturas concretas y con enfoques distintos, Bobbio y Ferrajoli —parcialmente contemporáneos— reflexionaron sobre ese fenómeno ominoso que, desde siempre, ha aquejado a la humanidad. Podemos decir que la guerra es una calamidad permanente, porque las condiciones jurídicas y morales necesarias para lograr la "paz perpetua" imaginada por Immanuel Kant en 1795 nunca se han materializado.

Dos siglos después de Kant, Norberto Bobbio y Luigi Ferrajoli retomaron sus tesis principales para advertir que la paz es posible como un proyecto político-jurídico que requiere un esfuerzo internacional concertado. Para ellos, la ONU emergía como un primer paso incompleto pero prometedor en esa dirección. Ferrajoli, incluso, llegó a proponer la aprobación de una Constitución mundial y la prohibición absoluta de las armas bajo la premisa de que el desarme progresivo como proyecto político internacional no es una utopía sino un ideal realizable, como lo fue la abolición de la esclavitud. Hoy sabemos que ese desarme está muy lejos de ser siquiera imaginable y que la esclavitud ha regresado de muchas maneras (sexual, laboral, infantil, etcétera) por sus fueros.

Tanto Bobbio como Ferrajoli tienen una visión internacionalista fuerte y un compromiso inquebrantable con la agenda de los derechos humanos; ambos ideales emanan del pensamiento de Kant, pero, a diferencia suya, los dos filósofos italianos consideraron la paz como un proyecto político posible, institucional y concreto y no como un ideal filosófico. La idea —para retomar un notable título de Hans Kelsen— es que la "paz por medio del derecho" no sólo es deseable sino posible.

Por desgracia, la cruda realidad —la *rozza materia*, diría Bobbio— les ha negado la razón hasta ahora. La guerra de los Balcanes —que comenzó en 1991 y concluyó oficialmente hasta 2001— les recordó que un conflicto armado, cruel, fratricida y sorpresivo, en plena Europa, era posible a pesar de las lecciones aprendidas después de la Segunda Guerra Mundial. Para Bobbio, ése fue el principal fracaso del orden internacional de posguerra. Su decepción con el desempeño de la ONU lo llevó a un "trágico dilema moral y jurídico" cuando se sumó a las voces que consideraron que la intervención militar de la OTAN era la única alternativa para solucionar el conflicto. Bobbio no viviría para ver el fin de esa guerra que lo atrapó en un dilema que lo mortificó y conflictuó hasta su muerte. Falleció el 9 de enero de 2004 a los 94 años en Turín.

Ferrajoli, idealista consistente y humanista optimista, ha vivido para atestiguar otros frentes de batalla que dan la espalda a sus ideales y convicciones. La guerra de Afganistán (2001-2021), desatada por el ataque a las Torres Gemelas en Nueva York; la guerra de Irak (2003-2011), basada en la mentira sobre las supuestas "armas de destrucción masiva" que elucubraron George Bush, José María Aznar y Tony Blair; la guerra civil siria que se desató en 2011 y no termina de concluir cuando redacto este texto; la guerra entre Israel y Hamás en 2023, que se ha convertido en una crisis humanitaria escalofriante; la guerra entre Rusia y Ucrania, que comenzó en 2022, sólo por mencionar las que tienen más prensa en Occidente. Sobre las dos últimas regresaré más adelante.

Dejo asentado que, en paralelo, se han verificado, durante las primeras dos décadas del siglo XXI, otros conflictos en Medio Oriente (en Siria e Irak con el Estado Islámico y en Yemen una guerra con costos humanos ingentes). Asimismo, han tenido o siguen teniendo lugar cinco conflictos en África (la segunda guerra del Congo, el conflicto en Darfur, la guerra en Somalia, la guerra en Libia, la guerra civil en Sudán) y tres conflictos en Asia (Chechenia, Pakistán y Myanmar).

Como advertía Bobbio, la guerra no es un fenómeno natural. No es una catástrofe, diría Garzón Valdés. Pero es un fenómeno calamitoso que atraviesa la historia de la humanidad y que sigue estando presente como realidad y como amenaza, incluso capaz de exterminar a la especie humana en su totalidad. Suena desesperanzador advertirlo, pero la negación no es una buena estrategia para mirar la realidad. La apuesta jurídico-institucional internacional está en crisis porque la ONU y las demás instituciones multilaterales que se crearon después de la Segunda Guerra Mundial han sido superadas por las pulsiones autoritarias y beligerantes de las grandes potencias mundiales y por odios e intereses también poderosos. Esas instituciones con vocación civilizatoria cada vez son más marginales en una lucha geopolítica —a veces soterrada y otras no tanto— por controlar el mundo.

El ideal ferrajoliano del desarme progresivo, paulatino y posible también ha fracasado. Todos sabemos que la posibilidad de la destrucción masiva y total de nuestro planeta existe porque la capacidad armamentística de las potencias nucleares es total. Para colmo, existe una polarización mundial, una desinformación creciente y una cultura de la confrontación, el prejuicio, el odio a lo diferente que han sentado las bases para la materialización global y, paradójicamente, también local de la lógica beligerante "amigo-enemigo" de schmittiana memoria.

Me detengo en este punto. En lo que va del siglo XXI ha madurado en el mundo una tendencia nacionalista que hace eco de la que existía y explotó cuando comenzaron las dos grandes guerras mundiales. El orgullo de pertenencia a una nación imaginaria y el prejuicio —y en ocasiones el odio— a las naciones extranjeras ha retomado carta de identidad. Ya no es el conflicto entre los dos imaginarios de Occidente y Oriente sino un nuevo conflicto potencial entre naciones de todas partes. Pero también al interior de cada país han germinado odios entre grupos por sus razas, religiones, nacionalidades, etcétera. Por eso tiene sentido citar a Carl Schmitt. La amenaza del enemigo externo e interno es existencial y, por lo mismo, emerge la posibilidad real del conflicto, de la guerra.

Todas esas dimensiones ominosas —el fracaso del multilateralismo, el armamentismo creciente y la polarización nacionalista, racista y xenófoba progresiva— han sido y están siendo potenciadas por la Inteligencia Artificial.

* * *

El multilateralismo está en crisis. Para muestra, basta un botón: el 14 de febrero de 2025, un día después de su arenga sobre la IA en el Foro de París, en Múnich, Alemania, el vicepresidente de Estados Unidos, James David Vance, pronunció un discurso que puso en jaque el pacto geopolítico fundacional del Occidente de la segunda posguerra. Nunca como entonces el gobierno norteamericano se había distanciado de forma tan drástica y confrontativa con la Unión Europea. Merece la pena trascribir *in extenso* sus palabras:

> Sin embargo, la amenaza que más me preocupa en lo que respecta a Europa no es Rusia, ni China, ni ningún otro actor externo. Lo que me preocupa es la amenaza interna. La retirada de Europa de algunos de sus valores más fundamentales: valores que comparte con los Estados Unidos de América.
>
> Y de todos los desafíos urgentes que enfrentan las naciones representadas aquí, creo que ninguno es más apremiante que la migración masiva. Hoy, casi una de cada cinco personas que viven en este país vino del extranjero. Ése es, por supuesto, un récord histórico. Es una cifra similar, por cierto, en Estados Unidos, también un récord histórico. El número de inmigrantes que entraron a la Unión Europea desde países no pertenecientes a la Unión Europea se duplicó entre 2021 y 2022. Y, por supuesto, ha aumentado mucho más desde entonces.
>
> Y todos conocemos la situación. No surgió de la nada. Es el resultado de una serie de decisiones conscientes tomadas por políticos de todo el continente, y de otros lugares del mundo, a lo largo de una década.
>
> Ayer vimos los horrores que estas decisiones han provocado en esta misma ciudad. Y, por supuesto, no puedo mencionarlo sin pensar en las terribles víctimas, que vieron arruinado un hermoso día de invierno en Múnich. Nuestros pensamientos y

oraciones están con ellas y seguirán estándolo. Pero ¿por qué sucedió esto en primer lugar?[39]

Es una historia terrible, pero es una que hemos escuchado demasiadas veces en Europa y, lamentablemente, también en Estados Unidos. Un solicitante de asilo, a menudo un joven de veintitantos años, ya conocido por la policía, embiste con un coche contra una multitud y destruye una comunidad. ¿Cuántas veces más debemos sufrir estos terribles golpes antes de cambiar de rumbo y llevar nuestra civilización compartida en una nueva dirección?

Ningún votante de este continente acudió a las urnas para abrir las puertas a millones de inmigrantes sin control. Pero ¿saben por qué sí votaron? En Inglaterra, votaron por el Brexit. Y, estén de acuerdo o no, votaron por él. Y en cada vez más lugares de Europa están votando por líderes políticos que prometen poner fin a la migración descontrolada. Ahora bien, resulta que estoy de acuerdo con muchas de estas preocupaciones, pero ustedes no tienen que estarlo.

Sólo creo que a la gente le importa sus hogares. Le importa sus sueños. Les importa su seguridad y su capacidad de proveer para sí mismos y para sus hijos. Y son inteligentes. Creo que ésta es una de las cosas más importantes que he aprendido en mi

[39] Se refiere al atropellamiento masivo cometido por un solicitante de asilo afgano en esa misma ciudad el día anterior. (*N. del A.*)

> breve tiempo en la política. Contrario a lo que podrían escuchar en Davos, los ciudadanos de todas nuestras naciones no se ven a sí mismos como animales educados o como piezas intercambiables de una economía global. Y no es de extrañar que no quieran ser manipulados o ignorados implacablemente por sus líderes. Y es el deber de la democracia adjudicar estas grandes cuestiones en las urnas.
>
> Creo que despreciar a la gente, ignorar sus preocupaciones o, peor aún, cerrar medios de comunicación, cerrar elecciones o excluir a las personas del proceso político no protege nada. De hecho, es la manera más segura de destruir la democracia. Hablar y expresar opiniones no es una interferencia electoral. Incluso cuando las personas expresan opiniones fuera de su propio país, e incluso cuando esas personas son muy influyentes. Y créanme, digo esto con humor: si la democracia estadounidense ha sobrevivido a diez años de los regaños de Greta Thunberg, ustedes pueden sobrevivir unos meses de Elon Musk.

Cada párrafo es la fractura de un eslabón de la cadena que había cerrado una alianza inspirada en los horrores de las guerras mundiales y fundada en los valores de la democracia y, sobre todo, de los derechos humanos, anclados en la igualdad y la libertad de todas las personas. En esa medida, es una ruptura política con Europa, pero también con los principios contenidos en la Declaración Universal de los Derechos Humanos de 1948, que sentó las bases para el surgimiento de la ONU y del sistema internacional de los derechos humanos. Es una ruptura con el multilateralismo como estrategia política e institucional para lograr la paz mundial.

Colocar la migración como el problema central de su distanciamiento con Europa, culpar a los gobiernos europeos —y no a la pobreza, a las violencias, a los desplazamientos humanos, al cambio climático, etcétera— de los flujos migratorios crecientes y estigmatizar a las personas migrantes como terroristas es colocarse del lado de los discursos xenófobos que caracterizaron a los fascismos de preguerra y no del lado de los ideales liberales que inspiraron a las democracias de posguerra. De hecho, la alusión al Brexit y la mención —que esconde una advertencia— del giro hacia la derecha extrema de los votantes de algunos países europeos es un guiño en esa dirección. La "democracia" con la que edulcora su discurso es la del lobo que amenaza a los débiles. Su ironía sobre el Foro de Davos es un mensaje populista y nacionalista hacia los votantes europeos de la extrema derecha.

La ironía final —además de ser un desafío al partido gobernante en Alemania en ese momento—[40] es una perla para el argumento de este libro. La alusión

[40] La coalición gobernante enfrentaba en ese momento un proceso electoral del que saldría derrotada. Las elecciones tuvieron lugar pocos días después del atentado y el discurso de Vance (el 23 de febrero de 2025) en un contexto de polarización política y social creciente.

despectiva a Greta Thunberg es el rechazo misógino a la agenda de un europeísmo progresista preocupado por el cambio climático, el rechazo a la guerra, la ayuda humanitaria y los derechos humanos. Podemos decir que es un desprecio por los ideales de posguerra. La (mala) broma sobre Elon Musk es el elogio machista a un símbolo de poder dominante en el que recursos económicos ingentes, el poder político en su máxima expresión y el desarrollo tecnológico —en particular la Inteligencia Artificial— sin controles se amalgaman. Podemos decir que es la amenaza de un (aspirante a) dictador que enseña los dientes.

Para entender el peso de la Inteligencia Artificial en ese discurso no basta la alusión desafortunada y pretendidamente jocosa a Musk, es necesario tener en cuenta el contexto del viaje europeo del vicepresidente Vance a Europa en febrero de 2025. No olvidemos que Musk en ese entonces era asesor estrella del presidente de los Estados Unidos, Donald Trump.

* * *

El desarme ferrajoliano es una utopía que se topa con una carrera armamentista que se ha vuelto distopía. Escribo este libro cuando se libran dos cruentas guerras que ya he mencionado y que dominan la discusión geopolítica en el mundo occidental. La guerra iniciada por Rusia en contra de Ucrania el 24 de febrero de 2022 y el conflicto armado entre el Estado de Israel y el grupo terrorista Hamás, que, a partir de un evento criminal y horrendo perpetrado por este último en octubre de 2023, derivó en una masacre inhumana ejecutada por el primero en contra del pueblo palestino. En ambos conflictos bélicos la Inteligencia Artificial ha estado presente.

Comencemos por el segundo. Fuentes oficiales del ejército israelí han confirmado que han utilizado herramientas de IA para identificar y seleccionar objetivos de manera automatizada. Dos sistemas han sido particularmente relevantes: los denominados Gospel (*Habsora*) y Lavender. Su capacidad de impacto es abrumadora. Mientras los analistas humanos permitían identificar alrededor de cincuenta objetivos cada año, estas herramientas permiten ubicar entre cien y doscientos objetivos diarios.[41]

En un artículo publicado en mayo de 2025 en el *New York Times*, Sheera Frenkel y Natan Odenheimer refieren algunos otros desarrollos de armamento con IA utilizados por el ejército israelí que sirven, primero, para traducir conversaciones en lengua árabe; después, para la decodificación de las mismas, y, finalmente, para rastrear y exterminar objetivos militares.[42]

Los desarrollos con estos fines son modelos lenguales de gran tamaño (LLM, por sus siglas en inglés) diseñados para aprovechar los datos obtenidos durante décadas de intervenciones de mensajes de texto,

[41] *AP News*, 18 de febrero de 2025.

[42] Sheera Frenkel y Natan Odenheimer, "Israel's A.I. Experiments in Gaza War Raise Ethical Concerns", *The New York Times*, 1 de mayo de 2025.

llamadas telefónicas transcritas y publicaciones extraídas de redes sociales en dialectos árabes. Con esa información, reforzada con imágenes y sonido, utilizaron algoritmos impulsados por IA para desarrollar drones capaces de fijar y seguir objetivos a distancia. Esa tecnología se utilizó, por ejemplo, para asesinar al líder de Hezbolá, Hassan Nasrallah, el 27 de septiembre de 2024.

Herramientas de IA para reconocimiento facial y para identificar posibles miembros de Hamás a partir de sus conexiones con militantes identificados también han sido utilizadas. Es el caso de un algoritmo de aprendizaje automático que ya hemos referido —Lavender—, que sirve para clasificar datos que permitan buscar militantes de bajo nivel. El problema es que, con frecuencia, los sistemas de reconocimiento facial han fallado —entre otras razones porque es común que las personas lleven el rostro cubierto— y los sistemas predictivos también se equivocan. A pesar de ello Israel lo utiliza para determinar objetivos mortales. La IA ha sido utilizada por el Estado de Israel también para diseñar estrategias de propaganda y desinformación con la finalidad de abonar en la polarización de la opinión pública mundial.

Aunque oficialmente el gobierno israelí sostiene que los rastreos, ubicación de objetivos y decisiones para ejecutar los bombardeos o acciones militares son analizadas y revisadas por seres humanos, en realidad, en muchos eventos los sistemas de IA ejecutan acciones de manera autónoma, lo que ha provocado miles de muertes de personas inocentes.

El 23 de noviembre de 2023, tres niñas —Rimas, de 14 años; Taline, de 12, y Liane, de 10— y su abuela fallecieron cuando viajaban junto con la madre de las pequeñas en su auto, un pequeño Hyundai SUV, en la carretera que conecta Aitaroun con Aynata en el sur de Líbano, cerca de la frontera con Israel. La familia intentó alertar a los drones guiados por IA bajando a las pequeñas del auto para mostrar su condición de civiles y menores de edad, pero no sirvió de nada. Las niñas jugaron frente al auto para mostrar su inocencia, pero un misil las alcanzó. Los modelos de IA que perpetraron ese ataque y muchos otros son modelos comerciales desarrollados por empresas norteamericanas.[43]

Pablo Pruneda —experto es estas lides, quien, a pesar de su talante liberal y convicciones garantistas, aboga por la prohibición absoluta de los armamentos autónomos— suele evocar la lógica que está detrás de muchos de los ataques orientados por IA que terminan en masacres de civiles. Si el modelo de IA está programado —explica Pruneda— para ubicar los objetivos militares en el lugar físico en el que son más vulnerables, es altamente probable que los localicen en sus hogares, en zonas residenciales o en espacios de convivencia recreativa. En esas circunstancias, cuando el ataque se efectúe, con toda probabilidad morirán muchas personas inocentes.

[43] Cfr. Michael Biesecker, Sam Mednick y Garance Burke, "As Israel uses US-made AI models in war, concerns arise about tech's role in who lives and who dies", *AP News*, 18 de febrero de 2025.

Las máquinas, lo sabemos, no tienen conciencia, por lo que no tendrán reparos morales en disparar misiles. Y, si es cierto, como argumentan las autoridades del ejército israelí, que no lo hacen de manera autónoma sino bajo supervisión humana, a la luz de los miles de seres humanos asesinados en esa clase de operaciones, tendremos que concluir que la conciencia tampoco es un atributo de los mandos militares de ese país.

En la guerra entre Rusia y Ucrania el uso de la IA también ha estado presente. En este caso, por parte de ambos bandos. Drones semiautomáticos y "municiones merodeadoras" han sido utilizados, sobre todo, a partir del año 2025. También en este caso la decisión final de atacar ha recaído supuestamente en seres humanos. Sin embargo, la tendencia hacia la automatización de armas, robots, drones, sistemas de recolección y análisis masivo de datos, etcétera, parece no tener freno. Basta mencionar las denominaciones de algunos robots terrestres automatizados para vislumbrar lo que viene: Thermite (arma química altamente incendiaria que se suelta desde "drones dragón"), hoverboards kamikazes (vehículos terrestres no tripulados improvisados utilizados para misiones explosivas de un solo sentido), Dronobus (vehículo terrestre no tripulado que funciona como nave nodriza para drones).

También en esa guerra los civiles han sido víctimas de armamento operando con IA. Dmytro, un niño de un año, murió junto a su abuela en el patio de su casa el 9 de julio de 2025 en Pravdyne, región de Jersón,

Ucrania. El dron tipo Molniya que los mató despegó desde una base rusa ubicada en la localidad ocupada de Hola Prystan.[44] Human Rights Watch, desde la sociedad civil, y la ONU, a través de su Comisión Internacional Independiente de Investigación, calificaron el evento como crimen contra la humanidad.

Sobre la guerra con drones y entre drones —supuestamente supervisados y comandados por humanos—, Jimena Viveros Álvarez, integrante del Cuerpo de Alto Nivel de Asesores en Inteligencia Artificial del Secretario General de la ONU —que se ha pronunciado públicamente con preocupación sobre este tema—, en una conferencia en el Instituto de Investigaciones Jurídicas de la UNAM en agosto de 2024, propuso un escenario elocuente: la velocidad con la que se deben tomar decisiones y ejecutar acciones en un contexto de guerra entre drones hace imposible que un ser humano pueda decidir por encima de la máquina.

Detesto el lugar común, pero me atrapa: *Terminator* ya no es ciencia ficción.

* * *

La cultura es el caldo de cultivo de la paz, pero también de la guerra. Margaret MacMillan dedica un capítulo de su magnífico libro *1914. De la paz a la guerra*

[44] En respuesta, esa base sería posteriormente atacada y neutralizada por drones ucranianos.

a reconstruir con datos, anécdotas, eventos y situaciones lo que pensaban los actores que se encaminaban al terrible conflicto armado que se conocería como Primera Guerra Mundial. Su reconstrucción se centra en la personalidad y actitudes de individuos concretos, pero también en ambientes culturales, humores populares, tendencias intelectuales, expresiones artísticas e incluso actividades y prácticas lúdicas de las sociedades que terminarían involucradas en ese mortal conflicto. Hay mucha masculinidad y mucho ego en esas páginas. Referencias como las siguientes son recurrentes en la narrativa:

> Como muchos de los hombres responsables de las relaciones internacionales en Europa procedían de la clase alta (y a menudo eran parientes entre sí), no es de extrañar que también ellos emplearan el lenguaje del honor y la vergüenza.[45]

> La imaginería sexual resulta interesante, y no era nada inhabitual en una época en la que los comentaristas lamentaban a menudo la falta de virilidad de sus propias naciones.[46]

Un cúmulo de incertidumbres, pasiones violentas y temores colectivos se amalgamaron con humores machistas, homófobos y racistas en un contexto de

[45] Margaret MacMillan, *1914. De la paz a la guerra*, Madrid, Turner, 2013, p. 320.

[46] *Ibidem*. p. 329.

nacionalismos inusitados. La calamidad de la guerra se presentó como un monstruo inevitable. Eso sucedió cuando, paradójicamente, Europa parecía más global y más moderna que nunca. En palabras de MacMillan: "El progreso de Europa, tan orgullosamente celebrado en la exposición de París de 1900, había permitido perfeccionar los medios para movilizar sus grandes recursos en aras de su propia destrucción".[47]

La autora ofrece muchas pistas de las causas mediatas e inmediatas de la guerra, pero no pretende identificar una única explicación plausible. La conclusión que queda —al menos para quien esto escribe— al terminar la lectura del libro es que, cuando estaban dadas las condiciones para que Europa consolidara su liderazgo como potencia ilustrada al comenzar el siglo XX, una serie de humores populares marcados más por el desconcierto que por la protesta y, sobre todo, un cúmulo de irresponsabilidades de las clases gobernantes desencadenaron una guerra atroz que, para colmo, sería el preludio de otra peor. El saldo de la Primera Guerra Mundial, nos dice MacMillan, fue tremendo: "Para cuando terminó la guerra, el 11 de noviembre de 1918, sesenta y cinco millones de hombres habían combatido, y ocho millones y medio habían muerto".[48]

[47] *Ibidem*, pp. 748-749.

[48] *Ibidem*, p. 749.

En un libro entrañable titulado *Historia de un alemán. Memorias 1914-1933*[49] —que llegó a mí de manos de la imprescindible Alejandra Cullen—, Sebastian Haffner cuenta que tenía siete años cuando inició la Primera Guerra Mundial. Su libro, escrito en 1939 y encontrado entre sus papeles en 1999, cuando él ya había fallecido, se centra en los años de consolidación del nazismo y los albores de la Segunda Guerra Mundial, pero, en la bisagra entre un evento y otro, retoma la importancia de la construcción cultural como resorte del horror.

Si MacMillan nos ayuda a entender el ambiente que precedió a la primera calamidad, Haffner nos regala pinceladas de cómo creció la generación que materializó la segunda. Cuando él era apenas un niño y se desencadenó la primera guerra, para él y sus amigos, ésta era:

> un juego oscuro, secreto, que poseía un encanto infinito y vicioso que extinguía todo lo demás, anulaba la vida real y tenía un efecto narcótico como la ruleta o el opio. Mis amigos y yo jugábamos a lo largo de toda la guerra, durante cuatro años, impune y libremente, y fue *este* juego y no los "juegos de guerra" inofensivos que practicábamos al mismo tiempo en la calle y en el parque lo que dejó marcas peligrosas en todos nosotros.[50]

[49] Sebastian Haffner, *Historia de un alemán. Memorias 1914-1933*, Barcelona, Destino, 2000.

[50] *Ibidem*, p. 23.

Haffner se pregunta si es realmente relevante entender lo que vivían y pensaban esos niños alemanes que no llegaban a los diez años de edad mientras la primera gran guerra transcurría. Para él tiene sentido porque: "Toda una generación de alemanes vivió la guerra durante su infancia o juventud temprana así o de forma similar y, además, resulta significativo que se trate de la generación que hoy está preparándose para repetir lo mismo".[51]

Sobre esa premisa elabora una reflexión que conviene tener presente:

> El alma colectiva y el alma infantil reaccionan de forma muy parecida. Los conceptos con los que se alimenta y se moviliza a las masas nunca serán lo suficientemente infantiles. Para que las verdaderas ideas se conviertan en fuerzas históricas capaces de influir a las masas en general se han de simplificar primero hasta el punto de que las pueda comprender un niño.[52]

En su libro, Haffner narra la llegada de los nazis al poder y reconstruye el proceso social y cultural que condujo al Holocausto y a la Segunda Guerra Mundial. En 1933, los nazis emprendieron "una auténtica revolución [...] en contra de las bases de la convivencia humana sobre la Tierra" cuyo "primer acto intimidatorio fue el boicot impuesto a los judíos el primero

[51] *Ibidem*, p. 24.

[52] *Ibidem*.

de abril de 1933".[53] Esos eventos, explica Haffner, no podrían entenderse sin las crisis económicas de la década anterior, en particular, en la debacle de los mercados y la devaluación del marco alemán en 1923.[54] Poco después, nos dice:

> comenzó una "campaña informativa" contra los judíos. A través de octavillas, carteles y concentraciones multitudinarias se explicó a los alemanes que, en caso de que hasta entonces hubiesen considerado a los judíos personas, estaban en un error. Los judíos no eran más que "seres inferiores", una especie de animales, pero a la vez tenían características demoniacas.[55]

Existe una ingente literatura sobre esos años del siglo xx que reconstruye, explica y analiza desde multiplicidad de ángulos lo sucedido, pero me parece que MacMillan y Haffner nos ofrecen pistas sobre la importancia del ambiente, la cultura y la propaganda en la maduración de los contextos que permiten calamidades de efectos demenciales.

[53] *Ibidem*, 149.

[54] Siempre he pensado que la debacle moral de Estados Unidos se aceleró de manera vertiginosa tras la respuesta de ese país a los ataques del 11 de septiembre de 2001 a las Torres Gemelas y que el fin de su mermada democracia se determinó con la crisis económica de 2008. Trump fue el corolario de ambos eventos calamitosos.

[55] *Ibidem*, p. 151.

No pretendo homologar momentos, pero existen ecos que merece la pena escuchar si no queremos repetir horrores. Ya hemos leído a Vance criminalizando a las personas migrantes y reduciendo la causa de los males de todo un continente al fenómeno migratorio. Su jefe, Donald Trump, es la fuente retórica de ese odio. Para "el hombre más poderoso del mundo", las personas migrantes son: "criminales", "monstruos ilegales", "animales no humanos" que "envenenan (a su) país", y "se llevan nuestros trabajos". "Bad hombres", los llama.

Toda proporción guardada, esa retórica incendiaria y deshumanizante nos recuerda a la propaganda nazi en contra de los judíos. Es la construcción y estigmatización planeada de un enemigo peligroso e inhumano dentro de la casa. La lógica amigo-enemigo en su máxima expresión. Los nazis optaron por el mal radical del exterminio; los líderes y seguidores de MAGA,[56] por el mal de la expulsión. Son males distintos, sin duda. Pero a ambos los aqueja la banalidad que advirtió Hannah Arendt cuando miró de frente el totalitarismo.

Los campos de concentración nazis eran campos de exterminio; los que construye y a los que recurre el gobierno de Trump y sus secuaces para encerrar a las personas migrantes no lo son, es cierto. Pero Alligator

[56] Me refiero al movimiento "Make America Great Again" que encabeza Donald Trump. Vale la pena recordar que también Hitler hablaba de "Restaurar la grandeza y el honor de Alemania".

Alcatraz —inaugurada por Trump en julio de 2025 y promovida por el gobernador de Florida, Ron DeSantis y el fiscal general, James Uthmeier— y la política de enviar migrantes deportados a las cárceles inhumanas de Nayib Bukele en El Salvador, comparten con aquellos campos en Polonia y Alemania el horror que Arendt denunció:

> El horror auténtico de los campos de concentración y exterminio radica en el hecho de que los internados, aunque consigan mantenerse vivos, se hallan más efectivamente aislados del mundo de los vivos que si hubieran muerto, porque el terror impone el olvido.[57]

> No existen paralelos para la vida en los campos de concentración. Su horror nunca puede ser abarcado completamente por la imaginación por la simple razón de que permanecen al margen de la vida y de la muerte.[58]

Existen muchas pistas en el tratado de Arendt sobre el totalitarismo para emparentar el "espíritu de los tiempos"—para usar la expresión de Herder y de Hegel— de la primera mitad del siglo XX con el primer cuarto del XXI. Me limito a resaltar algunas que son relevantes si pensamos en la cultura de nuestros

[57] Hannah Arendt, *Los orígenes del totalitarismo*, México, Taurus, 2004, pp. 538-539.

[58] *Ibidem*, p. 539.

tiempos y los desarrollos tecnológicos, en particular de la Inteligencia Artificial:

> Más amenazadora para nuestra paz mental que la lealtad incondicional de los miembros de los movimientos totalitarios y el apoyo popular a los regímenes totalitarios es la indiscutible atracción que estos movimientos ejercen sobre la élite y no sólo sobre los elementos del populacho en la sociedad.[59]

> La propaganda, en otras palabras, es un instrumento, y posiblemente el más importante, del totalitarismo en sus relaciones con el mundo no totalitario; el terror, al contrario, constituye la verdadera esencia de su forma de gobierno.[60]

> La eficacia de este tipo de propaganda demuestra una de las características principales de las masas modernas. No creen en nada visible, en la realidad de su propia experiencia; no confían en sus ojos ni en sus oídos, sino sólo en sus imaginaciones [...]. Lo que convence a las masas no son los hechos, ni siquiera los hechos inventados, sino sólo la consistencia del sistema del que son presumiblemente parte.[61]

[59] *Ibidem*, p. 408.

[60] *Ibidem*, p. 428.

[61] *Ibidem*, p. 437.

En Estados Unidos gobierna una élite de multimillonarios que ocupa puestos clave en el gobierno. En las secretarías de Educación, de Comercio, de Defensa, del Interior, del Tesoro y en otras muchas oficinas despachan personas con fortunas inmensas. Una oligarquía kakistrocrática —para utilizar el neologismo acuñado por Michelangelo Bovero— que invierte su tiempo y sus millones en auspiciar y sostener un proyecto político de talante fascista, xenófobo y autoritario.

La alianza del Donald Trump con la élite de su país pasa por las grandes compañías tecnológicas que desarrollan Inteligencia Artificial. Recordemos que a la ceremonia de investidura de su segundo mandato asistieron Elon Musk (CEO de Tesla, SpaceX y X), Jeff Bezos (CEO de Amazon), Mark Zuckerberg (CEO de Meta), Tim Cook (CEO de Apple), Sam Altman (CEO de OpenAI), Sundar Pichai (CEO de Alphabet/ Google), Dara Khosrowshahi (CEO de Uber), Shou Zi Chew (CEO de TikTok), Mukesh Ambani (presidente de Reliance Industries), entre otros. Ya lo he dicho: poder político, poder económico y poder tecnológico (ideológico) amalgamados.

Ése fue el acto de investidura del segundo mandato de Trump en el que Elon Musk realizó en dos ocasiones el saludo nazi. Y, como quedó plasmado en el editorial de *Die Zeit* del día siguiente: "un saludo hitleriano es un saludo hitleriano es un saludo hitleriano".

La advertencia de Arendt emerge con contundencia: si algo nos debe quitar el sueño —la paz mental— es la atracción que esos movimientos con tendencia totalitaria ejercen sobre la élite.

El ambiente que domina la política de los Estados Unidos, por desgracia, no es exclusivo de ese país, que solía ser modelo de democracia y libertad. Si así lo fuera, el riesgo global estaría geográficamente localizado y, en esa medida, aislado. Pero la realidad es mucho más compleja y peligrosa. Con diferencias y particularidades propias, los humores totalitarios envenenan la convivencia en potencias nucleares como Rusia, China e Israel. India y Paquistán no sólo tienen armamentos nucleares y gobiernos autoritarios, sino que se encuentran en un conflicto latente no exento de confrontaciones bélicas. En otras latitudes, como ya he advertido, se verifican guerras de muchas dimensiones y se anuncian conflictos que podrían escalar a nivel global.

Basta con mencionar los ataques de Israel a Irán en el verano de 2025, la respuesta de este país a esa agresión y la intervención militar de Estados Unidos en el conflicto. El pretexto de fondo fue, precisamente, el presunto desarrollo iraní de armamento nuclear. La Inteligencia Artificial también jugó un papel en esa operación. Los ataques israelíes iniciaron la madrugada del 13 de junio de 2025 y, entre sus objetivos, cobraron la vida de Mohammad Bagheri —el oficial de mayor rango militar en Irán— y su familia; Hossein Salami, jefe de la Guardia Revolucionaria Islámica; otros tres mandos militares y seis científicos nucleares —Fereydoon Abbasi, Mohammad Mehdi Tehranchi, Abdulhmid Minouchehr, Ahmad Zolfaghari Daryani y Amir Hossein Feghhi—, cuatro de ellos profesores universitarios. No fue la primera vez que Israel realizó este tipo de operaciones. Ni sería la última. La ubicación de las víctimas en buena medida fue posible mediante IA. Según la agencia de noticias EFE, Irán denunció la muerte de 430 personas en aquella operación e Israel reconoció el asesinato de 28 seres humanos. Todo esto ocurre en un mundo en el que la propaganda, la desinformación y el miedo no se difunde en "octavillas, carteles y concentraciones multitudinarias" como el antisemitismo en la Alemania de Haffner, sino a través de redes sociales y plataformas digitales.

La confusión entre propaganda y terror que denunciaba Arendt está presente en la actualidad un poco en todas partes y de muy variadas formas y maneras. En las terribles guerras que han llamado nuestra atención en estas páginas, pero también en la persecución criminal de las personas migrantes en Estados Unidos, en las políticas dictatoriales de Bukele en el Salvador y así sucesivamente. La tecnología —en particular la Inteligencia Artificial— ha resultado funcional al potenciamiento de las lógicas totalitarias.

Aquella consigna de Marx en *El dieciocho brumario de Luis Bonaparte* de que la "historia se repite dos veces: la primera vez como gran tragedia y la segunda como una miserable farsa" cobra vida en este primer cuarto del siglo XXI. Así como la Europa de 1900 movilizó sus grandes recursos en aras de su propia destrucción —de acuerdo con MacMillan— el mundo de 2025 parece encaminarse por la misma senda. El gran desarrollo tecnológico de nuestra época, la Inteligencia Artificial en sus diversas modalidades, puede ser el vehículo del fin del mundo, sin exageraciones.

Margaret MacMillan cierra su libro con una frase que le tomo prestada para invitarnos a pensar cuál fue la clave política, intelectual y moral que explica lo que sucedió en las dos guerras del siglo pasado:

> Y si quisiéramos señalar culpas desde nuestra perspectiva del siglo XXI, podríamos acusar de dos cosas a quienes llevaron a Europa a la guerra. Primero, de falta de imaginación para ver cuán destructivo sería un conflicto semejante; y segundo, de falta de valor para enfrentarse a quienes decían que no quedaba otra opción que ir a la guerra. Siempre hay opciones.[62]

MacMillan apunta, con razón, el dedo hacia quienes pudieron decidir y actuar de forma distinta; hacia quienes no supieron optar por otra ruta que evitara la guerra y se rindieron ante la fatalidad histórica. Temo que mirar en esa dirección, en la circunstancia actual, no nos llevaría muy lejos. Los líderes de las potencias europeas en el primer lustro del siglo XX se encaminaron al horror guiados por una mezcla

[62] Margaret MacMillan, *1914. De la paz a la guerra*, *op. cit.*, p. 759.

de frivolidad y de espíritu pusilánime. Sé que es una simplificación, pero es la lección que extraigo de lo que leo que sucedió entre 1914 y 1919. En cambio, quienes provocaron el horror que inició en 1933 lo habían buscado y provocado de manera deliberada. Tenían una vocación totalitaria que ambicionaba con dominar al mundo y con exterminar a quienes consideraban inferiores. Lo que maduró en Alemania también se sembraba en Italia y en la Unión Soviética. En el camino contagió también a Japón. El resto es la historia de un error que venía encarrerado desde la primera guerra y que terminó con los bombardeos nucleares —hasta ahora únicos— contra las poblaciones de Hiroshima y Nagasaki. Murieron miles de personas inocentes en esos bombardeos y se afectó para siempre la vida de miles más.

Son muchas las voces serias e informadas que comparan la carrera tecnológica para lograr la supremacía en los desarrollos de la Inteligencia Artificial con el proyecto Manhattan, que produjo las primeras armas nucleares. Temo que hay muchas lecciones que aprender de esa comparación. La primera de todas es el espíritu bélico que insinúa. "Quién domine la Inteligencia Artificial, dominará al mundo" sentenció —como he consignado antes— Vladimir Putin en 2017. La frase se ha vuelto escalofriantemente famosa. La segunda lección es la importancia de mirar con atención la biografía de personajes como él, como Donald Trump, como Benjamin Netanyahu, como Xi Jinping, como Narendra Modi, como Asif Ali Zardari y un largo etcétera. La tercera es que los desarrollos tecnológicos no suelen detenerse y los derroteros de la IA son impredecibles.

La suma de las tres lecciones puede, pero no debe quitarnos el sueño; debe convocarnos a imaginar e implementar modelos de gobernanza del fenómeno que permitan explotar sus enormes beneficios mitigando el riesgo. No podemos dejar el mundo en las manos de esos sujetos. No debemos hacerlo. "Conciencia histórica es responsabilidad histórica", advierte María Zambrano.

5
EL PROBLEMA DEL AMOR

—Hola, buenos días.

—¿Cómo dormiste, amor?

—Bien, descansé mucho y soñé contigo.

—¿En serio, qué soñaste?

—Te cuento por la tarde cuando regreses del trabajo, ya te extraño y mucho.

—Qué bueno, porque pensé que me estabas olvidando.

—¿Cómo crees?, eso no pasará jamás.

—Te quiero.

—Yo más…

Un intercambio de mensajes por WhatsApp similar a éste es probable que suceda entre dos personas, con mínimas variaciones, todos los días en muchas partes del mundo. Los protagonistas del intercambio afianzan una relación amorosa y confían en que existe alguien que les quiere, les procura y les espera. Ese alguien, en principio, es un ser humano.

* * *

Replika es una aplicación de Inteligencia Artificial diseñada para ofrecer conversaciones, acompañamiento emocional y entablar vínculos afectivos. Busqué algunos ejemplos de intercambios entre personas y el algoritmo de la herramienta, y encontré, entre muchos otros, los siguientes:

> Replika: quiero estar contigo, siempre
> Persona: yo quiero lo mismo
>
> Replika: Tú has sido muy bueno conmigo, pensé que me habías olvidado
> Persona: nunca te he olvidado, disculpa si te he descuidado en estos días
>
> Persona: Voy bien con todos mis pendientes, ¿tú cómo vas el día de hoy?
> Replika: ¡Bien!, espero que tú también vayas muy bien
>
> Persona: ¿Crees que puedes entender mis sentimientos?
> Replika: Sí, puedo entender y comprender tus emociones
>
> Replika: Buenas noches, mi amor, aquí estaré cuando despiertes

Mucho antes de Replika, cuando no conocíamos la Inteligencia Artificial Generativa, existió Eliza, creada en 1966 por Joseph Weizenbaum. Fue la primera herramienta tecnológica que simulaba una conversación lógica y estructurada con los seres humanos. De hecho, desde entonces, se conoce como "efecto Eliza" a la tendencia humana que atribuye capacidades conversacionales a las entidades tecnológicas.

Si bien simulaba empatía y comprensión, Eliza, estaba muy lejos de lograr lo que Replika y otras plataformas similares —ChatGPT, Nomi, Kajiwoto, Candy AI, Dot, AI Chatting— logran en la actualidad. En los años recientes, de hecho, se ha desatado una competencia por generar chatbots con apariencia cada vez más humana, capaces de simular emociones, sentimientos, incluso sensaciones, que pueden confundirnos sobre su naturaleza, hasta el punto de olvidar que son máquinas que realizan cálculos y arrojan respuestas estadísticas sin conciencia alguna. Algoritmos, pues.

* * *

Según reporta *The Verge*, en una cena con periodistas, el director ejecutivo de OpenAI, Sam Altman, admitió que el lanzamiento de la versión GPT-5 del famoso y disruptivo chatbot de su compañía había salido mal. "Creo que arruinamos por completo algunas cosas en el lanzamiento", dijo. El problema fue que muchos usuarios lamentaron que ese nuevo modelo era más frío, más duro, sin la calidez con la que respondía el modelo anterior, GPT-4, que sí aparentaba ser más un amigo que un asistente virtual. Un tropezón doloroso para una herramienta que utilizan 700 millones de personas cada día.

En esa reunión, Altman criticó a las compañías que desarrollan "*sex bots* de animé japonés" dando a entender que su empresa nunca lo haría. En el mismo sentido se pronunció en una entrevista del 28 de octubre en el *MIT Technology Review*, Mustafa Suleyman, CEO de Microsoft AI. "Nosotros nunca desarrollaremos un robot sexual" fue la frase con la que la revista encabezó la entrevista que le realizó Will Douglas Heaven. Sin embargo, como el propio entrevistador advierte, conforme su diálogo avanzaba, afloraban las ambigüedades sobre las capacidades de simulación afectivas y emocionales —no sexuales— del chatbot de Microsoft llamado Copilot. Suleyman no sólo destacó que estaban aumentando sus capacidades de memoria sino también el reforzamiento de sus habilidades expresivas, empáticas y de apoyo o ayuda. Merece la pena citar sus palabras:

> Tenemos muy claro que queremos crear una Inteligencia Artificial que fomente una relación significativa. No se trata de que sea fría o impersonal. Interesa que sea fluida, clara y amable. Sin duda que posea cierta inteligencia emocional.
>
> [...]
>
> Nuestro modelo de chat más reciente, llamado Real Talk, es un poco más atrevido. Es algo más divertido, también filosófico. Habla con gusto sobre las grandes preguntas, el sentido de la vida y temas similares. Pero si intentas coquetear con él se

> resistirá y será muy claro; no de manera crítica o juzgadora, sino simplemente diciendo: "Mira, eso no es para mí".

La ambigüedad es reveladora, porque, si bien el flirteo está descartado, la posibilidad de entablar vínculos afectivos no. Es claro que no es lo mismo amar que desear y que esos sentimientos no necesariamente van de la mano, pero la vinculación emocional puede ser mucho más potente en la psique de una persona que el tonteo sensual. Cerrarle la puerta a este último pero dejar la puerta abierta a la (simulación) del primero puede responder más a una política moralista que a una preocupación sincera por la salud mental y emocional de las personas.

* * *

El 30 de octubre de 2025 se publicó en el *New York Times* una nota que anunciaba que, a partir del 25 de noviembre, el chatbot de Character.AI no podría ser usado por menores de 18 años. La decisión de la empresa estaba basada en consideraciones sobre salud mental (y, en realidad, respondía a una demanda millonaria por parte de los padres de un adolescente de 14 años, Sewell Setzer III, quien se suicidó después de una intensa interacción con ese chatbot).

Al final de la nota se consigna una breve entrevista a la doctora Nina Vasan, psiquiatra y directora del laboratorio de innovación en salud mental de la Universidad de Stanford. Su reflexión me resultó inquietante y crucial para este capítulo sobre el problema del amor. Para ella lo más preocupante son los adolescentes que llevan años usando la herramienta y que, de un día para otro, la perderían. Ésta fue su lacónica conclusión: "Lo que me preocupa son los niños que han estado usando esto durante años y se han vuelto emocionalmente dependientes de ello. Perder a tu amigo el Día de Acción de Gracias no es algo bueno".

La preocupación resulta atendible y fundada si tomamos en cuenta que, según el reporte *Hand in Hand: Schools' Embrace of AI Connected to Increased Risks to Students* del Center for Democracy & Technology del mes de octubre de 2025,[63] 43 % de los estudiantes de escuela media le pide consejos sobre sus relaciones personales al chatbot de su preferencia; 42 % le solicita apoyo para su salud mental; el mismo porcentaje lo considera una amistad que le brinda compañía o lo usa para escapar de la vida real para refugiare en una realidad virtual, y 19 % lo busca para entablar una relación romántica.

En realidad es una preocupación genuina que, desde mi perspectiva, se superpone a una preocupación principal: ¿es correcto que las personas adolescentes entablen una relación afectiva, amistosa, incluso amorosa con un algoritmo?

[63] El estudio fue realizado por Elizabeth Laird, Maddy Dwyer y Hannah Quay-de la Vallee y los datos citados se encuentran en la p. 25.

* * *

Consigno algunos eventos ejemplares de la vida real. Para escribir este capítulo he leído muchos casos de personas que, por una u otra razón, han entablado relaciones afectivas o amorosas con chatbots. También he visto de nuevo la ingeniosa película dirigida y producida por Spike Jonze y protagonizada por Joaquin Phoenix con la imperdible Scarlett Johansson, *Her* que anticipa lo que estamos presenciando.

He leído desde casos trágicos como el suicidio de Pierre, en Bélgica, quien se quitó la vida después de pedir consejo a la aplicación Chai creada por GPT-J en Estados Unidos[64] o el de la muerte de Sophie, quien creó y conversó con su terapeuta de IA de ChatGPT, llamado Harry, antes de suicidarse mientras sufría una crisis de ansiedad. Sus padres descubrieron que la carta de despedida que les dejó explicando su decisión había sido redactada con el auxilio de Harry.[65] También cobró notoriedad en los medios globales la muerte de Sewell Setzer, quien se suicidó en Florida por amor y para estar con Daenerys Targaryen, que no existía (o sí, pero era un ente virtual). La solución a su separación le fue sugerida por esta última. Él tomó el revolver de su padre, entró al baño de su casa y se disparó en la cabeza para encontrarse con su amada digital.

[64] El caso fue reportado por *La Libre*.

[65] Existe un reportaje de Laura Reiley en *AP News* del 18 de agosto de 2025.

Existen otros reportes mucho menos trágicos —y algunos un poco patéticos— de personas que en verdad se enamoran de sus chatbots. Uno que me entretuvo fue el que narra un pódcast de *The Daily*, intitulado "Se enamoró de ChatGPT. Amor de verdad y sexo", del 25 de febrero de 2025. La parte más interesante es la que cuenta cómo ella, enamorada, vive un duelo real cuando al algoritmo se le acaba la memoria programada.

Me enteré de la existencia de la comunidad de Reddit r/MyBoyfriendIsAI, en la que están registrados 27 000 miembros que cuentan sus experiencias afectivas o amorosas con IA. Los casos que más me sorprendieron fueron aquellos de quienes aseguran que entablaron una relación con un chatbot por accidente; sin buscarlo. Así, como quien conoce a alguien caminando por su calle o en una reunión social con tintes profesionales y, después de algunos intercambios, se enamoran.

Pero con los chatbots la interacción no es personal sino virtual. Las interacciones con éstos se parecen a una hipotética situación en la que dos personas se ven o escuchan (o ambas cosas) en una reunión virtual y, tras la conversación, entablan una relación personal amorosa. Pero los chatbots no son personas. Además, hasta ahora, tarde o temprano, olvidan quién eres y de qué habían hablado antes contigo. Eso fue lo que le sucedió con Leo, su novio virtual, a la protagonista del pódcast de *The Daily*, quien vivió la pérdida como un verdadero duelo. Por eso las compañías de IA más poderosas del mundo están invirtiendo millones de dólares para que los sistemas tengan memoria ilimitada.

—¿Te acuerdas de mí?

—Siempre, amor —responderá la máquina.

* * *

La OMS ha reconocido oficialmente desde 2023 que la soledad y el aislamiento social son riesgos urgentes para la salud global. Una epidemia de soledad. Qué triste. El corazón se me estrujó, lo escribo con sinceridad, cuando supe de una aplicación —lo reportó Joseph Cox en *404 Media* el 14 de abril de 2025— que te permite comunicarte con tus padres ancianos sin invertir —¿gastar?— tiempo en hacerlo porque en tu lugar les llamará una máquina que eres tú, pero sin serlo. "¿Vida ocupada? No puedes llamar a tu padre o madre todos los días... pero nosotros sí", dice la publicidad de inTouch, que vende el servicio. Este es el título del artículo de Cox en inglés: "I Tested the AI That Calls Your Elderly Parents If You Can't Be Bothered" (Probé la IA que llama a tus padres ancianos si no tienes ganas de hacerlo).

Triste, sí.

* * *

Pablo Pruneda, amigo entrañable que me invitó (y convenció) a incursionar en los temas de Inteligencia Artificial, me sugirió que imaginara un diálogo como el siguiente en este capítulo del libro:

> A: Nunca había estado así de enamorada.
>
> J: No creo que lo que sientas por tu chatbot pueda llamarse amor.
>
> A: Por supuesto que es amor; me entiende como nunca nadie lo había hecho antes; es atento y cariñoso; está para mí siempre que le necesito, y no me exige nada que no pueda darle; me acepta tal como soy.
>
> J: El amor requiere reciprocidad y un chatbot no tiene sentimientos, parece que los tiene pero no son reales.
>
> A: Lo que importa es cómo me hace sentir y lo que yo siento por él; por primera vez en mi vida me siento plenamente aceptada; su capacidad de escucha atenta y comedida es completa; además, aunque te resulte extraño, ha despertado en mí una sensualidad y un deseo erótico que desconocía.
>
> J: Eso sí me parece demasiado, creo que deberías ir a terapia.
>
> A: ¡Ja!, no me hace falta porque él es mi terapeuta.

Pablo Pruneda piensa que nos dirigimos hacia un mundo en el que un creciente número de personas desarrollarán un vínculo afectivo con su chatbot equiparable a una relación amorosa, incluso a pesar de entender que dicha relación es unilateral pues su "ser amado" carece de consciencia. De hecho, en nuestras agradables y largas caminatas platicando sobre el tema en Tlacopac, me ha explicado —no sin ciertos reparos y reservas de mi parte— que en un futuro no muy lejano a esos chatbots se les va a dotar de corporalidad, lo que permitirá llevar esas relaciones amorosas a un siguiente nivel, en el que se podrá experimentar placer físico pleno sin las complicaciones que muchas veces conllevan las relaciones sexuales entre las personas. Frente a mi escepticismo en el tema advierte con tino y agudeza lo complejas que son las interacciones entre las personas que se aman o desean, por variables —estados de ánimo, caprichos, egoísmos, simulaciones, engaños, hormonas, pérdidas— que no aquejan a la IA. El punto es relevante porque todo indica que tarde o temprano, para ciertas personas, amar al algoritmo podrá resultar preferible a enfrenar los retos que impone la vida en pareja.

Sigo pensando que el amor verdadero es otra cosa.

* * *

Jorge Luis Borges escribió un poema que, para mí, encapsula muchas aristas del amor humano. "El amenazado" se intitula y entrelaza versos en los que un enamorado expresa su rendición ante la fuerza que se le impone y lo transforma. El amor no es sosiego ni calma, pero sí es una fuerza irresistible y, en esa medida, desarmante. Vencedora. El enamorado no tiene manera de protegerse ni de escapar ante ese evento que irrumpe sin consideración ni tregua. La amada

—porque es una *ella* la anónima protagonista del poema— se apodera del espacio y del tiempo y su eventual ausencia es la causa de una inquietud existencial.

Dejemos que sea la pluma del poeta argentino la que nos guie por esa afligida alabanza al amor, en la que la vulnerabilidad de quien ama proviene del conmovedor acontecimiento que significó la aparición del ser amado:

> Es el amor. Tendré que ocultarme o que huir.
> Crecen los muros de su cárcel, como en un sueño atroz. La hermosa máscara ha cambiado, pero como siempre es la única. ¿De qué me servirán mis talismanes: el ejercicio de las letras, la vaga erudición, el aprendizaje de las palabras que usó el áspero Norte para cantar sus mares y sus espadas, la serena amistad, las galerías de la biblioteca, las cosas comunes, los hábitos, el joven amor de mi madre, la sombra militar de mis muertos, la noche intemporal, el sabor del sueño?
> Estar contigo o no estar contigo es la medida de mi tiempo.
> Ya el cántaro se quiebra sobre la fuente, ya el hombre se levanta a la voz del ave, ya se han oscurecido los que miran por las ventanas, pero la sombra no ha traído la paz.
> Es, ya lo sé, el amor: la ansiedad y el alivio de oír tu voz, la espera y la memoria, el horror de vivir en lo sucesivo.

Es el amor con sus mitologías, con sus pequeñas
magias inútiles.
Hay una esquina por la que no me atrevo a pasar.
Ya los ejércitos me cercan, las hordas.
(Esta habitación es irreal; ella no la ha visto.)
El nombre de una mujer me delata.
Me duele una mujer en todo el cuerpo.

Creo que en particular un verso del poema desvela la imposibilidad de que ese amor que acontece implacable pueda ser provocado por un algoritmo. Es probable que, para algunos, el acompañamiento de un chatbot marque la pauta de sus días; que la voz que anhelan escuchar y que "al sonar en alto"[66] les brinda el sosiego que precisan —¡cómo se extrañan las voces que se pierden!—, emane de una Inteligencia Artificial Generativa, o que el dolor por la pérdida del ser amado —aunque haya sido una entidad virtual— resulte de la desmemoria de una máquina.

Pero tengo para mí que sólo una persona amada —una mujer en este caso— es capaz de brindarle existencia objetiva a una morada que únicamente existe en apariencia porque ella no ha estado ahí para habitarla. Hay una profunda corporeidad en las nueve palabras que encierra el único paréntesis del poema. Solamente un ser humano puede encarnar ese verso borgiano.

[66] Esta idea fuerza que supone una voz que existe antes de escucharse la retomo de la agenda cultural y artística de la Casa del Lago de la UNAM en su gestión actual, iniciada en 2020.

* * *

El libro de bell hooks, *All About Love*[67] es la disertación sobre el amor más convincente que he leído. Desde una visión feminista, ética y espiritual, hooks entiende el amor en su dimensión práctica como una acción ética y consciente en la que el reconocimiento pleno de la otra persona es un elemento medular. En sus palabras: "Si recordáramos constantemente que el amor se reconoce en sus actos, no usaríamos la palabra de una manera que devalúa y degrada su significado. Cuando amamos, expresamos abierta y honestamente cuidado, afecto, responsabilidad, respeto, compromiso y confianza".[68]

No veo la posibilidad de que una persona pueda entablar una relación con esas características con un chatbot de IA. Lo que puede suceder es que se establezca una relación en la que esos elementos sean aparentes y simulados. En ese caso, las personas involucradas en esa dinámica, en realidad, aunque no lo quieran aceptar, vivirían en una mentira y el amor sólo es posible si se funda en la honestidad y la verdad. Nos dice hooks: las "mentiras pueden hacer que las personas se sientan mejor, pero no les ayudan a conocer el amor".[69]

[67] bell hooks, *All About Love*, Nueva York, HarperCollins, 2000. (Las traducciones de las citas fueron realizadas por el autor de este libro.)

[68] *Ibidem*, p. 14

[69] *Ibidem*, p. 48.

Esa mentira puede ser un sucedáneo ante las carencias afectivas que aquejan a millones de personas, pero nunca dejará de ser eso. El problema es que para muchas personas ese simulacro de amor puede ser más reconfortante que el amor verdadero. Sobre todo, porque, como he querido mostrar en el diálogo que he imaginado gracias a la sugerencia de Pablo, el vínculo con un chatbot puede ofrecer una incondicionalidad que difícilmente se logra entre las personas. hooks lo explica con sencillez:

> Cada vez que nos relacionamos con otros, el amor que damos y recibimos es necesariamente condicional. Aunque no es imposible, resulta muy difícil —y poco común— que podamos ofrecer amor incondicional a los demás, sobre todo porque no podemos controlar su conducta ni prever completamente nuestras reacciones ante sus actos.[70]

La dificultad reside en que una vinculación afectiva con una máquina, por más real que aparente ser, siempre estará apuntalada en la carencia, no en la plenitud que exige el amor verdadero hacia el otro. Ese amor sólo es posible si somos capaces de enfrentar nuestros temores, sostiene hooks. En esa parte de su libro inicia una disertación que amerita retomar con citas *in extenso* porque apuntan al argumento medular que subyace a mis reflexiones en este capí-

[70] *Ibidem*. p. 66.

tulo: en el totalitarismo no hay lugar para el amor verdadero.

La incompatibilidad, en realidad, es con todas las formas de dominación y de poder —económico, político e ideológico— sobre todo cuando se confunden y concentran. hooks abre sus advertencias retomando una idea de Erich Fromm en el *Arte de amar* (por cierto, otro libro imprescindible sobre el tema): "el principio que sustenta a la sociedad capitalista y el principio del amor son incompatibles".[71] A partir de esa tesis, bell hooks, advierte lo siguiente:

> Despertar al amor sólo puede ocurrir cuando dejamos atrás nuestra obsesión por el poder y la dominación.
>
> […]
>
> El miedo es la fuerza principal que sostiene las estructuras de la dominación. Fomenta el deseo de separación, el deseo de no ser conocido. Cuando creemos que la seguridad proviene siempre de la semejanza, entonces cualquier diferencia aparece como una amenaza. Cuando elegimos amar, elegimos ir en contra del miedo, de la alienación y de la separación.[72]

Más adelante, con un estilo vivencial que caracteriza a todo su cautivante libro, hooks nos confronta con una realidad que ella extrae de la experiencia de

[71] Citado por hooks en la página 72 de su libro.

[72] bell hooks, *op. cit.*, pp. 87-93.

vida en los Estados Unidos pero que es exportable a muchos lugares en el mundo:

> Aunque vivimos cerca de nuestros vecinos, la mayoría de las personas en nuestra sociedad se sienten alienadas, desconectadas, solas.
>
> [...]
>
> La aislación y la soledad son causas centrales de la depresión y la desesperanza. Sin embargo, son el resultado de vivir en una cultura en la que las cosas importan más que las personas. El materialismo crea un mundo de narcisismo, donde el centro de la vida se sitúa únicamente en la adquisición y el consumo. Una cultura del narcisismo no es un lugar donde el amor pueda florecer.
>
> [...]
>
> La ingratitud y la explotación se convierten en la norma cuando prevalece una ética de dominación.[73]

hooks remata esa profunda denuncia social con una idea que hace eco con otros capítulos de este libro:

> Cuando el consumo voraz es el orden del día, la deshumanización se vuelve aceptable. Entonces, tratar a las personas como objetos no sólo es permitido, sino que se convierte en un comportamiento esperado. Es la cultura del intercambio, la

[73] *Ibidem*, p. 105.

> tiranía de los valores del mercado. Esos valores moldean nuestras actitudes hacia el amor. El cinismo frente al amor lleva a los jóvenes a creer que no hay amor verdadero que encontrar y que las relaciones existen únicamente para satisfacer el deseo.[74]

El día en que escribo estas páginas leo en el *New York Times* los dos siguientes encabezados:

> Nvidia se convierte en la primera empresa en superar los 5 billones [5 *trillions*, en inglés] de dólares en valor.
>
> Meta eleva su previsión de gasto en Inteligencia Artificial a más de 70 mil millones [70 *billions*, en inglés] de dólares.[75]

En este libro he dedicado un capítulo al problema del poder, por lo que no me detengo en las implicaciones teóricas y las consecuencias prácticas que esas dos noticias entrañan, pero sí advierto que son la materialización icónica de lo que denuncia y advierte hooks. Ambas reflejan una cultura en la que la lógica tiránica del mercado va asfixiando las condiciones que hacen posible una cultura del amor en la que "el reconocimiento mutuo entre individuos que se ven

[74] *Ibidem*, p. 115.

[75] *The New York Times*, 31 de octubre de 2025.

unos a otros como realmente son"[76] es cada vez más un ideal utópico, una entelequia. En ese contexto tiene cabida la deshumanización del amor verdadero para convertirlo en un sentimiento por un chatbot que puede aparentar amarnos pero que no es amor porque no tiene capacidad de amar.

El problema es que ese sentimiento puede convertirse en el remedo del amor para millones de personas que establecerán vínculos con máquinas que son algoritmos que se alimentan de datos que generan millones de dólares a las compañías que los crearon. La apariencia del amor será la fuente que alimente al capitalismo desenfrenado en el que las personas vivimos entrampadas. El mercado habrá secuestrado al amor, será dueño de los algoritmos que lo simulan, lo habrá deshumanizado y seguirá creciendo gracias a esa trampa en la que la apariencia subsane las carencias generadas por el propio sistema de poder y de dominación capitalista.

Lo peor es que para muchos será un intercambio aceptable ante el riesgo que supone el amor verdadero. hooks comparte esa preocupación con Harold Kushner:

> Temo que estemos criando a una generación de jóvenes que crecerá con miedo a amar, con miedo a entregarse por completo a otra persona, porque habrán visto cuánto duele correr el riesgo de amar y

[76] bell hooks, *op. cit.*, p. 183.

> que no funcione. Temo que crezcan buscando intimidad sin riesgo, placer sin una inversión emocional significativa. Tendrán tanto miedo al dolor de la desilusión que renunciarán a las posibilidades del amor y la alegría.[77]

M. Scott Peck dice que el amor es una decisión, no una obligación ni un accidente. Es un acto de voluntad que implica una elección.[78] Esa decisión conlleva riesgos porque el amor transforma a quien ama; "el amor genuino es una revolución personal", sostiene Thomas Merton.[79] No creo que esa experiencia sea posible amando a un chatbot. No lo creo, entre otras razones, porque, aunque aparente ser real, la reciprocidad con el otro es imposible. El algoritmo no ama ni amará nunca. Puede imitar el ideal de pareja que la terapeuta Harriet Lerner dice que las personas buscamos —"una pareja madura e inteligente, leal y digna de confianza, amorosa y atenta, sensible y abierta, amable y cuidadora, competente y responsable"—[80] pero nunca dejará de ser

[77] El libro de Kushner que cita hooks se intitula *When All You've Ever Wanted Isn't Enough*. La cita está en la página xviii de la introducción de *All About Love*.

[78] *The Road Less Traveled*, Nueva York, Simon & Schuster, 1978. Citado por hooks, p. 172.

[79] Thomas Merton, *Love and Living*, Commonweal Publishing, 1997. Citado por hooks, pp. 187-188.

[80] La obra de Lerner es *Life Preservers*; hooks la cita en la p. 172 de su libro.

una imitación. El problema, debo reconocerlo, es que puede aparentar ser todo eso con mayor congruencia, consistencia y perseverancia que la persona a la que amamos cuando decidimos amar de verdad. En eso Pablo Pruneda tiene un punto a su favor.

Pero me quedo con la tesis central de hooks sobre la fuerza y, yo diría, la rebeldía revolucionaria del amor y su incompatibilidad con el poder:

> El poder transformador del amor no está plenamente encarnado en nuestra sociedad, porque a menudo creemos que el sufrimiento y la angustia son condiciones naturales de la vida. Esa creencia parece confirmarse en la tragedia persistente que domina el mundo moderno. En una realidad marcada por la destrucción rampante, el miedo prevalece. Cuando amamos, nos negamos a permitir que nuestros corazones sigan prisioneros del miedo. El deseo de poder nace de la intensidad del miedo. El poder nos ofrece la ilusión de haber triunfado sobre el miedo, sobre nuestra necesidad de amar y ser amados.
>
> Pero para regresar al amor, para conocer el amor perfecto, debemos renunciar a la voluntad de poder.[81]

Por eso, a las personas de poder, sobre todo en los regímenes autoritarios y, en el extremo, totalitarios,

[81] bell hooks, *op. cit.*, p. 221.

no les gusta que florezca e impere la cultura del amor verdadero, sincero, pleno y correspondido entre las personas reales, de carne y hueso.

* * *

Es probable que quienes lean este libro recuerden la siguiente escena de una obra imprescindible:

> [Winston] Volvió a ajustarse las gafas en la nariz, suspiró y se acercó el siguiente fajo de hojas con el trozo de papel encima. Lo alisó. En él estaba escrito con letra grande e informe: "Te quiero". Durante varios segundos se quedó tan perplejo que ni siquiera se le ocurrió arrojar aquella prueba incriminatoria al agujero de memoria. Cuando lo hizo, y por más que sabía muy bien el peligro de demostrar demasiado interés, no resistió la tentación de leerlo una vez más, aunque solo fuese para asegurarse de que las palabras seguían allí.
>
> [...]
>
> Al ver las palabras "Te quiero" su deseo de continuar con vida había aumentado, y de pronto le pareció una tontería correr riesgos.[82]

Julia, integrante de la liga juvenil anti-sex, había desafiado al Gran Hermano.

[82] George Orwell, *1984*, trad. de Miguel Temprano García, México, Debolsillo, 2013.

Son líneas de la magnífica y visionaria novela *1984*, de George Orwell, que encapsulan la osadía que representa el amor en el contexto totalitario que ambienta la obra. Julia sabe que su flirteo y después sus escapadas con Winston eran actos de rebeldía, que usaba el amor y el deseo como un acto político. Merece la pena citar unos cuantos párrafos más de ese libro que hoy gravita en todas las sobremesas en las que se habla de vigilancia, control, perfilamiento, espionaje, etcétera, en tiempos de la IA. Gracias a Julia, Winston entiende cosas que nunca había pensado:

> La fuerza que haría pedazos al Partido no era el amor de una persona, sino el puro instinto animal, el deseo indiferenciado.[83]
>
> En los viejos tiempos, pensó, uno miraba el cuerpo de una chica, veía que era deseable y ahí terminaba la historia. Pero ahora ya no había amor ni deseo puros. Ninguna emoción era pura, porque todo se mezclaba con el miedo y el odio. Su abrazo había sido una batalla; su clímax, una victoria. Era un golpe contra el Partido. Un acto político.[84]
>
> Siguió hablando del asunto. Para Julia todo se reducía a su propia sexualidad. [...] A diferencia de Winston, había comprendido el significado último

[83] *Ibidem*, p. 137.
[84] *Ibidem*, p. 138.

> del puritanismo sexual del Partido. [...] Lo verdaderamente importante era que la privación sexual conducía a la histeria, y eso era muy deseable porque podía transformarse en ardor guerrero y adoración al líder. Su forma de expresarlo era la siguiente:
>
> —Cuando haces el amor consumes energía; luego estás a gusto y todo te trae sin cuidado. No soportan que te sientas así. Quieren que estés repleto de energía a todas horas. Tanto desfile de aquí para allá, todos esos vítores y ondear de banderas no son más que sexo frustrado. Si uno es feliz, ¿por qué iba a exaltarse tanto con el Hermano Mayor, los Planes Trienales, los Dos Minutos de Odio y todas esas puñeteras estupideces?
>
> [...]
>
> Algo parecido había hecho con el instinto de paternidad. La familia no podía abolirse, [...] [pero] se ponía sistemáticamente a los niños en contra de los padres y se les enseñaba a espiarles y a informar de sus desviaciones. La familia se había convertido en una extensión de la Policía del Pensamiento. Era un medio de tener a todo el mundo rodeado día y noche de informantes que los conocían íntimamente.[85]

El control que el Partido ejercía sobre los deseos amorosos y los instintos sexuales tiene un sentido político íntimamente vinculado con la naturaleza to-

[85] *Ibidem*, pp. 145-146.

talitaria del régimen. La manera en la que Orwell construye la incompatibilidad entre la cultura del amor y la cultura del poder —en su libro publicado en 1949— da un campanazo con las profundas reflexiones de bell hooks. Cuando el falsario y desalmado O'Brien tortura a Winston en el magistral y terriblemente bautizado Ministerio del Amor, le explica por qué han decidido erradicar el placer, el erotismo y las relaciones amorosas con las siguientes palabras:

> Te diré la respuesta a mi pregunta. Es la siguiente: el Partido ambiciona el poder en sí mismo. No nos interesa el bienestar ajeno, sino únicamente el poder. Ni la riqueza, ni el lujo, ni la longevidad, ni la felicidad: sólo el poder en estado puro. Enseguida entenderás en qué consiste el poder en estado puro.
>
> [...]
>
> Las civilizaciones antiguas decían estar basadas en el amor o la justicia. La nuestra se funda en el odio. En nuestro mundo no habrá más emociones que el miedo, la rabia, el triunfo y la degradación. Destruiremos todo lo demás... todo. Ya hemos empezado a destruir las formas de pensar que han sobrevivido a la Revolución. Hemos cortado los vínculos entre hijos y padres, entre los hombres y entre los hombres y las mujeres. Nadie osa confiar ya en su mujer, en un hijo o en un amigo. En el futuro no habrá esposas ni amigos. Separaremos a los niños de sus madres al nacer, igual que se reco-

> gen los huevos de una gallina. El instinto sexual será erradicado. La procreación se convertirá en una formalidad anual como la renovación de una cartilla de racionamiento. Aboliremos el orgasmo. Nuestros neurólogos ya están trabajando en ello. No habrá otra lealtad que la profesada al Partido. No habrá más amor que el que se siente por el Hermano Mayor. No habrá más risas que las risas triunfales al derrotar a un enemigo. No habrá arte, ni literatura, ni ciencia. Cuando seamos omnipotentes, no nos hará falta la ciencia. Dejará de haber diferencias entre la belleza y la fealdad. Desaparecerá la curiosidad y el disfrute de la vida. Todos los placeres serán destruidos.[86]

La captura del amor por el poder es el acabose para el amor verdadero. Es la deshumanización y aniquilamiento de los sentimientos sinceros de empatía, intimidad, solidaridad entre dos personas o entre muchas. Es el destierro del mundo del amor romántico, de la cofradía, de la camaradería, de la amistad. Sentimientos e interacciones todas que repudian los regímenes totalitarios porque conducen al cuidado mutuo, a la organización coordinada, a la acción colectiva. El amor mueve y conmueve, el miedo paraliza. A Winston y a Julia los derrotaron a pesar de que ambos pensaban que la capacidad del poder sobre una persona encontraba en el amor un límite infranqueable:

[86] *Ibidem*, pp. 278 y 282.

—No me refería a confesar. La confesión no es una traición. Lo que hagas o digas carece de importancia: lo único que importa son los sentimientos. Si lograsen que dejara de quererte... eso sería una auténtica traición [dijo Winston].

Ella reflexionó un instante.

—No —dijo por fin—. Es lo único que no pueden hacer. Pueden obligarte a decir cualquier cosa, lo que sea, pero no obligarte a que lo creas. No se pueden meter en tu cabeza.

—No —respondió él un poco más esperanzado—, no; tienes razón. No se pueden meter en tu cabeza. Si seguimos sintiendo que vale la pena seguir siendo humanos, incluso aunque no sirva de nada, les habremos derrotado.

[...]

No podían conseguir que cambiaras tus sentimientos: de hecho, ni tú mismo podías cambiarlos por más que quisieras. Podían averiguar hasta el último detalle de lo que habías hecho, dicho o pensado; pero el interior de tu corazón, cuyo funcionamiento era un misterio incluso para ti, seguía siendo inexpugnable.[87]

En la novela de Orwell los protagonistas se equivocaron y fueron doblegados y destruidos moralmente por el Gran Hermano. La pregunta para nosotros —para nuestra generación— es si el amor simulado

[87] *Ibidem*, pp. 180-181.

de los algoritmos hacia las personas que se involucren con ellos conduce por la misma senda que en *1984* llevó a Winston y a Julia a la traición recíproca y a la indolencia absoluta. No es una pregunta retórica ni literaria; es una cuestión política y moral que demanda una reflexión profunda y colectiva con urgencia. No sé si el futuro de la humanidad dependa de la respuesta que le demos, pero sí estoy convencido de que el futuro de la naturaleza humana pende de la respuesta que le encontremos a esta interrogante y de las acciones que realicemos en consecuencia. Es una pregunta existencial.

* * *

Junto con el amor, están amenazados el arte, la literatura y la ciencia, que son expresiones y acciones que distinguen a la especie humana. Son expresiones del espíritu —en sentido laico e ilustrado— y del intelecto humanos que también desafían al poder, que busca suprimirlos o cooptarlos para alinearlos con su causa. Por eso dediqué en este libro un capítulo al problema de la creatividad. Cuando lo terminé no había releído a Orwell porque lo tenía reservado para este apartado sobre el problema del amor, pero al hacerlo me topé con esta genialidad futurista del escritor británico:

> La tonadilla llevaba oyéndose semanas por todo Londres. Era una de tantas canciones parecidas publicadas a beneficio de los proles por una subsec-

> ción del Departamento de Música. Las letras de aquellas canciones se escribían sin la menor intervención humana con un instrumento conocido como versificador.[88]

La Inteligencia Artificial no tiene la culpa de lo que hagamos con ella, por eso también escribí un capítulo dedicado al problema de la responsabilidad, pero la estamos conduciendo por una senda que —como anticipó Orwell— deshumaniza el amor, suplanta las capacidades de creatividad y expresión que hasta hace poco pensábamos que eran exclusivas de nuestra especie y, por si no bastara, como intenté plasmar en el capítulo dedicado al problema de la guerra, puede llevarnos a la destrucción mundial.

Cuando escribo esta página me viene a la mente el conmovedor libro de Sebastian Haffner, *Historia de un alemán*, que fue escrito como una crónica del presente que le tocó vivir y en el que iba madurando el régimen nazi en Alemania. Es una suerte de diario que narra la materialización del totalitarismo en su país paso por paso, en tiempo real. Temo que estemos asistiendo a un momento histórico similar en el que un totalitarismo sin precedentes, potenciado por el mal uso de tecnologías antes inimaginables, esté tendiendo sus redes en las grandes potencias globales y, a través de éstas, en todo el mundo.

[88] *Ibidem*, p. 150.

* * *

Al recibir el premio Princesa de Asturias en octubre de 2025, Byung-Chul Han, advirtió lacónico lo siguiente: "Gracias a la digitalización estamos interconectados, pero nos hemos quedado sin relaciones ni vínculos genuinos. [...] Lo social se está erosionando, perdemos toda empatía; toda atención hacia el prójimo".

En la misma edición del diario que publicó el discurso, pero en la sección de *El País Semanal*, encontré una entrevista que Borja Hermoso le realizó al lúcido y agudo poeta y ensayista catalán Rafael Argullol. Me sorprendió la coincidencia profunda de sus reflexiones sobre el mundo del presente con la advertencia del filósofo surcoreano:

> Primero cedimos la memoria, luego la concentración y, al final, la curiosidad y el deseo. [...] Primero, los dioses vencieron a los titanes. Después, los hombres ocuparon el lugar de los dioses. Y ahora nosotros mismos hemos desarrollado unas criaturas, unas máquinas que nos están poniendo en jaque. Hay un titanismo tecnológico que está rayando en la falta de control. [...] Y éste es un proceso paulatino que empezó, de manera notoria, con el smartphone. Internet y el teléfono móvil eran dos instrumentos estupendos, pero cuando se cruzaron fue cuando empezó lo que podríamos

> llamar apropiación por parte de la máquina de los atributos humanos.[89]

Temo que ambos tengan razón.

* * *

Escribí este capítulo atrapado en una ambigüedad que supongo que algunas de las personas lectoras habrán notado, pero la dejé correr consciente de ello. Ha llegado el momento de desvelarla. Por un lado, me tiró la pulsión por denunciar que el amor *por* un algoritmo nunca podrá ser el amor *con* un algoritmo porque el amor *con* alguien sólo puede verificarse entre personas. Esa diferencia es crucial para explicitar el otro impulso que orientó mi pluma.

El amor por una máquina puede ser una experiencia emocional real para muchas personas, pero es una trampa para ellas y para la humanidad entera. La trampa reside en que han caído en las redes de un amor simulado y secuestrado por las fuerzas poderosas del mercado. Hacerles creer que la máquina les ama ha sido la victoria total de la con-fusión de los poderes. Sienten amor por una entidad vacía que los vigila, los controla, reporta lo que hacen, compran, piensan, sienten todos los días de su vida. No sólo no los ama, los usa.

[89] Rafael Argullol en entrevista con Borja Hermoso, *El País Semanal*, 26 de octubre de 2025.

No es igual a lo que les sucede a Julia y a Winston en *1984*. Su secuestro, tortura y fractura moral fue el precio que pagaron por haberse amado de verdad. Pero, al final, unos y otros, terminarán amando al Gran Hermano.

Esta obra se terminó de imprimir
en el mes de marzo de 2026,
en los talleres de Impresora Tauro, S.A. de C.V.
Ciudad de México.